El Mercader de Dios

Enrique Villarreal Aguilar

El Mercader de Dios

Las siete respuestas para un gran vendedor

Quarzo

México ◆ Miami ◆ Buenos Aires

El Mercader de Dios

Quarzo

D. R. © Editorial Lectorum, S. A. de C. V., 2012
Batalla de Casa Blanca Manzana 147 Lote 1621
Col. Leyes de Reforma, 3a. Sección
C. P. 09310, México, D. F.
Tel. 5581 3202
www.lectorum.com.mx
ventas@lectorum.com.mx

L. D. Books, Inc.
Miami, Florida
ldbooks@ldbooks.com

Primera edición: julio de 2012
ISBN: 978-607-457-245-2

D. R. © Portada: Karina Olivier

Impreso y encuadernado en México.
Printed and bound in Mexico.

A Dios:
Fuente de inspiración, sabiduría y progreso. Quien nos ha legado los principios básicos de la superación a través de su palabra, obra y acción. Gracias por permitirme culminar este objetivo.

A mi madre (q. e. p. d.):
Quien a través de su ejemplo y su congruencia me heredó la fortuna más preciada: su actitud positiva ante la vida y muchas ganas de servir a mis semejantes. Que Dios te bendiga, pelirroja hermosa; gracias por haberte cruzado en mi existencia.

A mis dos grandes tesoros:
Quique, no existe la palabra adecuada para expresarte todo el amor que siento por ti.
Mauri, hermoso travieso que llena de alegría, amor y gratitud mi corazón.

A todos los lectores:
Que tengan deseos de crecer y manifestar al mundo su valía. Que han luchado contra las circunstancias y le han demostrado a la vida que sí se puede crecer a pesar de los imponderables que se presentan en su existir.

A ustedes mi respeto, mi admiración y mi apoyo.

A través de los años siempre han existido principios que permiten el éxito en las ventas y que han trascendido a todas las generaciones de la humanidad. Sin embargo, sólo han sido adoptados por algunos cuantos que con ello han logrado amasar grandes fortunas. El secreto del éxito en las ventas ha estado oculto y por primera vez, en medio de una de las historias más hermosas de los últimos tiempos, será revelado a quienes buscan cambiar sus vidas y tienen sed de triunfo.

El Mercader de Dios

El Mercader de Dios

Había llegado la primavera y los habitantes del reino de Galilea estaban entusiasmados porque en unos días el ilustre maestro y motivador en el mundo de las ventas, Abraham Paldul, a quien nombraban el Mercader de Dios, les impartiría sus sabios consejos.

Ya en la convención, Abdul Jafar, un joven alegre y dicharachero, a quien le gustaba el arte de apoderarse de lo ajeno, buscaba entre los asistentes a su próxima víctima para despojarla de sus pertenencias. Después de varias horas de observación, fijó su objetivo en un hombre de avanzada edad, con cara de bonachón, que portaba joyas de extraña rareza, las cuales no revelaban su fineza.

Cuando el viejo se retiró, Abdul Jafar lo siguió hasta la morada donde se hospedaba. Desde el exterior, a través de una ventana, miraba sigiloso todos sus movimientos, esperando el momento adecuado para cometer su fechoría. Los minutos transcurrieron lentamente, ante la desesperación del ladrón, pero el instante anhelado se dio cuando el hombre mayor decidió darse un baño, sin siquiera sospechar que alguien lo acechaba. Antes de la ducha, como era lógico, se quitó sus posesiones y las dejó sobre un ropero grande, anticuado y un tanto maltratado; echó un vistazo a una caja de madera en la que guardaba un papiro y suspiró por lo que decía su contenido.

Abdul Jafar no lo podía creer: éste era su día de suerte. Se imaginaba disfrutando el dinero que le darían por aquellas joyas, las posesiones que le podrían dar por dicho papiro... Todo le estaba saliendo de maravilla.

Silenciosamente abrió la ventana, se deslizó con la destreza de un gato para atrapar a su presa. Al llegar a las joyas y el documento, una sonrisa maliciosa se dibujó en su rostro. Abdul estaba a punto de lograr su cometido, todo ahora sería suyo. A escasos centímetros de conseguirlo, una voz enérgica interrumpió su trastada.

—¿Qué estás haciendo? —gritó un hombre.

Un frío escalofriante entumeció su delgado cuerpo, su rostro palideció. De inmediato, dos tipos fornidos abrieron las puertas de par en par sujetando entre los brazos al sorprendido delincuente.

En ese momento el viejo salió del baño y uno de ellos le preguntó:

—¿Conoce a este hombre, señor?

El audaz ladrón, con voz entrecortada, se anticipó a la respuesta:

—Soy el mozo de esta morada y la estaba arreglando.

—¡Es mentira lo que dice este joven! Hemos estado vigilando la puerta por horas y jamás lo vimos entrar —respondió el otro guardia, ante la asustadiza mirada de Abdul.

—Vamos a llevarlo con las autoridades —comentaron los vigilantes al viejo, y éste respondió:

—Déjenlo libre, él no tiene la culpa de lo que hace.

—Pero, señor Paldul, este joven tiene que sufrir su castigo por lo que pretendía realizar —afirmó uno de los guardias.

"¡No puede ser! —pensó, sorprendido, el joven Abdul—, entre todos los habitantes de este reino le tenía que robar al hombre más famoso, el ilustre Mercader de Dios, Abraham Paldul. De ésta no salgo, ahora sí me cuelgan."

Sin embargo, su asombro se incrementó cuando el maestro Paldul preguntó:

—¿Acaso no me escucharon? ¿No les dije que lo dejaran libre? Él no tiene culpa de lo que hace.

Y los guardias obedecieron su orden.

—Ahora váyanse, déjenme solo con el muchacho.

—Pero, señor —rebatieron los guardias—, no podemos dejarlo solo con este ladrón.

—Por segunda ocasión les digo: déjenme con el muchacho, ¿acaso no me escucharon?

—¡Sí, señor! —contestaron los guardias—, pero esperamos afuera por si hubiera algún problema —y abandonaron la habitación.

El joven Abdul agachó la cabeza en señal de vergüenza y unas lágrimas brotaron de su rostro.

—¿Cómo te llamas?

—Abdul Jafar.

—¿Qué edad tienes, mozalbete? —preguntó el maestro Paldul.

—Dieciséis años, señor.

—¿Por qué te dedicas a este repugnante oficio?

—No piense que no tengo vergüenza, pero no conozco otra forma de ganarme la vida. Cuando era niño, mi padre nos abandonó a mi madre y a mí; ella lavaba y planchaba para los demás, pero un día sus pulmones no resistieron más y enfermó. Créame: a un niño de siete años de edad nadie le da trabajo. Así que conocí a unos amigos que se dedicaban al arte de apoderarse de lo ajeno, ellos me enseñaron todas las mañas que se necesitan para dedicarse a este oficio; claro que les tuve que dar su respectiva cuota y ya ve, aquí estoy robando y vendiendo las cosas que timo despojando a los demás.

—Siéntate, muchacho.

Y Abdul se sentó un tanto temeroso por la situación; sabía que no se podía escapar pues los guardias estaban atentos a todas las salidas posibles. Al no tener alternativa, centró toda su atención ante su interlocutor y le preguntó:

—¿Por qué me salvó, señor?, ¿por qué no me entrega a las autoridades para que me cuelguen o me corten las manos? Usted sabe que ése es el castigo para los que cometen el delito de robo en esta ciudad. Nunca nadie había tenido un detalle conmigo. ¿Por qué usted sí? No entiendo.

—Haces muchas preguntas, pero te voy a responder. En primer lugar, antes de juzgar, aplico la regla número dos: el arte de la comprensión —respondió el maestro al joven Abdul—, es decir, jamás juzgues a un semejante sin antes escucharlo. No te entregué, ya que necesitaba escuchar tus razones, quería saber el porqué de tu amor al arte de robar; por otro lado, por supuesto que sé el castigo que se les aplica a quienes roban y otra razón por la que no te mandé a los calabozos es porque me reflejé en ti.

—¿Cómo puede un joven ladrón parecerse a alguien tan importante? —respondió Abdul.

—No siempre fui lo que ahora soy. En algún tiempo yo también tuve muchas carestías, fui humillado por un sinnúmero de personas y nadie me tendía la mano, hasta que llegó el momento de mi iluminación. Pero siéntate, muchacho, es muy importante que escuches mi relato, no creas que todo me fue dado. En medio de carestías se forjó mi personalidad, se curtió mi carácter y se plasmó mi historia.

La historia de Abraham Paldul

Hace muchos años, en los alrededores de la ciudad de Belén, nació el primogénito de la familia Paldul, a quien decidieron llamar Abraham —para conservar aquel nombre que orgullosamente se había legado por muchas generaciones. Mis padres eran unos ganaderos respetados por toda la comarca aledaña a Belén y también tenían muchas posadas.

Dicen que cuando estaba a punto de nacer, mi bisabuelo dio posada a un hombre llamado José y a una mujer de nombre María, quien estaba a punto de dar a luz. Él no quería, pero mi bisabuela le rogó, le dijo que tuviera compasión, que al igual que ella, estaba a punto de tener a su bebé; mi padre accedió ante tal petición. Como no tenía en dónde hospedarlos les cedió el granero de la posada; ellos aceptaron gustosos.

Cuentan que ahí una gran estrella se posó e iluminó ese espacio durante horas, —y al nacer el nño, los campesinos fueron a visitarlo. También lo hicieron tres hombres con extraña vestimenta. Llegaron para adorarlo y a entregarle algunos presentes. Muchos juraban que era el Mesías, que había llegado a perdonar nuestros pecados. Sólo sé que ese acontecimiento trajo paz y prosperidad a mi familia.

Jamás pensé que mi vida estuviera tan vinculada a la de aquel pequeño. Gracias a la misericordia de mi bisabuela, Dios nos llenó de prosperidad e iluminó con su grandeza y con su amor a aquella familia que diera posada al Salvador.

El apellido Paldul era sinónimo de rectitud, honradez y trabajo, y después de aquel acontecimiento, aún más. Todos querían a mi familia y a mi padre, y él quería a todos los que habitaban en esa provincia. Sin embargo, mi progenitor tenía un gran defecto: el juego. Una vez que empezaba una apuesta, nadie lo detenía, excepto mi madre.

Con una estrecha vigilancia de esta gran mujer, los años transcurrieron en medio de la bonanza. El ganado se acrecentaba día a día y la popularidad de la familia también.

A los tres años de haberse casado mis padres, nací yo, y a los cinco años nació mi hermanita Abigaíl; yo le llevo dos años de edad. La vida nos sonreía; a mis seis años de edad sabía montar perfectamente y ya empezaba a arrear el ganado.

Mi padre tenía una gran inclinación hacia mi hermana y los celos de mi parte crecían con el tiempo. Ahora entiendo que era normal, pero ¿qué le puedes pedir a un niño de seis años, malcriado, que había tenido todo lo que quería, educado con todos los mimos y que no sabía el significado de la palabra carestía?

Yo trataba de llamar la atención de mi padre de todas las maneras, pero él sólo tenía ojos para *su* Abigaíl. Pensaba: "Papá, ¡mírame a mí, no a ella!" Aunque contaba con todo el amor de mi madre, por alguna razón yo quería la atención de él.

La envidia envenenaba el alma de un pequeño de ahora ocho años, cuyo pecado fue haber tenido todo en exceso. Pero un día la vida decidió darle una lección y las cosas no volverían a ser iguales. ¡No sé cómo pude cometer tal tontería! ¡No lo entiendo!

En ese momento el viejo Abraham Paldul interrumpió su historia. Las lágrimas inundaban su rostro y con sus manos tocaba sus sienes mientras movía la cabeza hacia los lados diciendo: "Perdóname papá, perdóname; sólo era un pequeño celoso".

—Señor, ¿qué le pasa? —preguntó Abdul Jafar.

—Nada, muchacho, cosas de viejo. ¡Vete a dormir! Ven mañana y continuamos con esta historia.

—¿No me puede contar algo más?

—Mañana muchacho, mañana; no seas impaciente. La paciencia es una gran virtud a través de la cual puedes lograr todo lo que te propongas. Recuérdalo siempre —añadió.

En eso llamó a los guardias y les ordenó que dejaran salir al joven. Abdul Jafar se retiró ante la mirada atónita y furiosa de los custodios, que deseaban castigarlo por su osadía, pero sobre todo por haberlos puesto en ridículo al entrar a la morada del maestro sin que se dieran cuenta.

La tragedia

Al día siguiente Abdul Jafar llegó a la posada de su maestro. Respetuoso, cambió su actitud y tocó la puerta. El viejo maestro, que parecía adivinar todo, gritó desde adentro de la habitación:

—¡Pasa hijo, te estaba esperando! Estoy sorprendido de tu interés en la plática.

Abdul inclinó la cabeza, un tanto avergonzado.

—¿Ya desayunaste? —preguntó.

—Sí —respondió el joven.

—¿Por qué me mientes?

—¡Es que me da vergüenza!

—Siéntate muchacho, y comparte el almuerzo con este pobre viejo.

—Gracias, señor. Nunca en mi vida alguien me ofreció nada como usted. Gracias. Yo no se lo comenté: le dije que mi padre nos abandonó, pero no mencioné el motivo.

—¿Por qué muchacho?

—Es que todos los días llegaba borracho, era un mediocre que tras la frustración de no tener oficio ni beneficio, refugiaba su machismo detrás de una pobre mujer. Definitivamente el vino embrutece a los hombres y no les permite pensar adecuadamente. En lugar de prepararse y salir a buscar un trabajo, se juntaba con otros tipos como él y casi todas las noches golpeaba a mi mamá; y lo peor es que en nuestras leyes, la mujer es poco valorada. Yo pienso que la mujer vale tanto como el hombre o más.

"Fui testigo de todas las riñas entre ellos y eso jamás lo voy a quitar de mi memoria. Un día me cansé de tanta tortura hacia ella y pensé en matar a mi padre, tomé un cuchillo y esperé a que llegara para cometer mi fechoría. Sin embargo, nunca llegó y comprendí que fue lo mejor, porque no me iba a atrever a hacer tal cosa, después de todo, malo o bueno, no dejaba de ser mi padre. Pero ya ve, lo estoy criticando y tal parece que sigo sus pasos. Tengo que cambiar y ser mejor."

—¡Así se habla, muchacho! Vas a ser un gran alumno.

—¿Alumno? ¡Un pobre tipo como yo no puede ser alumno de usted!

—Por supuesto, hijo, en los humildes de corazón vas a encontrar los mejores alumnos —le dijo el maestro—. Pero desayunemos y te sigo contando mi historia.

Un día, aquel niño que lo tenía todo, además de grandes celos por su hermana Abigaíl, planeó la peor de las inmundicias: darle un susto a su hermana de seis años. Así que la condujo a una de las huertas donde estaba el ganado, se brincaron las zanjas con el pretexto de jugar y aquel niño tomó un metal afilado y se lo enterró a una vaca en la pierna para que corriera despavorida. Rápidamente los animales comenzaron a inquietarse y yo alcancé a salir del corral. Mi hermana se soltó a llorar y yo me asusté más de la cuenta. No quería que pasara esto y empecé a gimotear: "¿Por qué Dios?, ¿por qué está sucediendo esto?".

El maestro no pudo evitar sollozar una vez más y el alumno intentó consolarlo. Finalmente prosiguió el relato.

Estaba muy arrepentido ante lo sucedido y los mozos, junto con mi padre, llegaban al lugar, pero no se daban cuenta de que ahí se encontraba mi hermana aterrada, gritando que la salvaran. Así que decidí salvarla yo mismo.

Se encontraba tirada en el suelo, ya la habían golpeado varias reses, la arrastré con mis pocas fuerzas y un becerro grande estrelló su pata contra mi pierna, rompiéndomela. Como pude, logré sacar a mi hermana que estaba inconsciente, sangraba de las dos piernas. En eso arribó mi padre y asustado, nos llevó a la casa, con el curandero.

Ahí perdí el conocimiento y no supe de mí sino hasta dos días después, cuando yo desperté, pero mi hermana no. Ella quedó en estado de coma y yo cojo de una pierna.

Mi padre invertía dinero en médicos y otros estafadores de distintas ciudades que decían serlo para que aliviaran a su pequeña hija. Mi madre no se separaba de ella, por lo que no se dio cuenta de que mi padre había vuelto al juego. Los buitres tenían que aprovechar ese instante de debilidad. Ellos eran el dueño de una taberna y el cobrador de impuestos. Yo estaba desolado ante el remordimiento.

Siempre me preguntaba: "¿Por qué no soy yo el que estaba en coma?" Yo era el malvado, el ruin, el perverso, el que llevó a la perdición a mi familia y destrozó la vida de su hermana por un falso sentimiento.

Los meses pasaron y mi hermana seguía dormida, y lo que antes era una hacienda ahora se había convertido en nada. La pobreza sembró su raíz en el hogar de los Paldul y si a eso le agregas un niño cojo, una niña en coma, un papá borracho y jugador y una madre desconsolada, imagina el panorama que se vislumbraba. Después de la tragedia una maldición cayó sobre la familia, una que yo provoqué.

Cuatro años después, mi padre había perdido todas nuestras posesiones por las deudas en el juego ante aquel tabernero y el cobrador de impuestos —que era mi tío, quien se quedó con todo. Posteriormente, mi papá los sorprendió haciendo trampa y les reclamó airadamente. Comenzó la pelea, los tendió en el suelo y en un descuido, el resentido tabernero le enterró una daga en la espalda, que le provocó la muerte instantes después de que llegamos. Ellos negaron el hecho y las autoridades les concedieron la razón, con un gran soborno de por medio.

Un "te quiero" con un beso imaginario de despedida a mi hermana, un beso a mi madre y a mí una bendición, fueron su adiós y su legado.

Los remordimientos seguían azotando al niño, quien a fuerza de angustia se estaba convirtiendo en un adolescente y quien seguido se martirizaba reprochándose: "¿Por qué, Dios mío, no me castigaste a mí? ¡Soy yo quien debía estar muerto!" Pero Dios tenía trazado mi destino y necesitaba que viviera esta tragedia.

El escaso dinero que nos quedaba fue menguando poco a poco. Ya no alcanzaba para nada. Un plato de hierbas era nuestra comida. Los huesos se dejaban ver en mi cuerpo y en el de mi hermana. Yo busqué trabajo, todos me decían que me llamarían o que fuera después, pero nada. El tiempo seguía su marcha y no encontraba nada. Y pasaron los días hasta quedarnos sin nada. Mi madre empezó a lavar y planchar ajeno, mi hermana seguía dormida como un angelito y yo dejé de estudiar porque no tenía dinero. Mis amigos se burlaban de mí y me gritaban "¡Cojo, cojo!", y sus risas molestas atormentaban más mi incipiente vida.

Al ver que no tenía nada que comer empecé a pedir limosna. ¡Cómo es posible! ¿Un Paldul pidiendo limosna? Pero un día un viejo zapatero me miró y se apiadó cuando le dije que si podía ayudarle a arreglar el calzado; al verme cojo, harapiento y desnutrido, no pudo decirme que *no*.

—¿Sabe señor? —le dije ese día—. Si usted no me hubiera dado el trabajo, yo me hubiera quitado la vida.

Y me abrazó como me abrazaba mi padre, y me consoló como algún día fui consolado por mi viejo.

Y aquel granero que un día les fue prestado a dos personas para que naciera su bebé ante un extraño acontecimiento, se convirtió en el hogar de los Paldul, ya que fue lo único que no le quitaron a mi padre y que no vendimos.

El crecimiento del niño

El día que llegamos a ese humilde granero, sucedió un milagro: mi hermana despertó ante la felicidad de mi mamá y la mía; sin embargo, la tristeza de ver que apenas podía caminar con sus dos piernas destrozadas por aquel terrible acontecimiento y enterarse de que contaba con diez años y no tenía papá, disminuyó nuestra felicidad.

Yo había tomado una decisión: darle a mi hermana todo lo que le había quitado por mi mal comportamiento, pero ¿qué podía darle un niño cojo, sin estudios y desnutrido?

Empecé con mucho entusiasmo a arreglar las sandalias desde la mañana, trataba de que fueran de la mejor calidad y que todo mundo quedara contento con ellas. Comía lo menos posible para llevar dinero a la casa, pero no era suficiente, había días en que no nos alcanzaba. Primero se alimentaba mi hermana, después un poco yo y luego mi mamá, —aunque después me enteré que ella nos daba su comida a escondidas para que creciéramos fuertes.

¡Pobre de mi madre!, teniéndolo todo, la dejé sin nada, y además con la carga de dos hijos inválidos y un trabajo exorbitante y pesado. Pero nunca se dejó vencer.

Cuando caminaba al lado de las escuelas, los niños me gritaban "¡Cojo!", y empezaban a reír y a aventarme piedras, comida o lo que tuvieran a la mano. No querían saber nada de mí. Me miraban con desprecio y los adultos se alejaban de mi presencia como si les fuera a caer una maldición.

El viejo zapatero me aconsejó que acudiera con mi tío, —el cobrador de impuestos para ver si nos podía ayudar con un poco de dinero. Consideré que era buena idea y por el hambre dejé de pensar en lo que le hizo a mi padre, pero cuando llegué ahí me dijo que no éramos sus parientes y que me alejara de su hogar.

Yo le contesté que en muchas ocasiones mi padre lo ayudó y que le correspondía ayudarnos a nosotros ahora. Me aventó al suelo por mi reproche, junto con tres panes duros para que comiéramos.

De regreso, mi madre se enteró y se enojó mucho conmigo. Me dijo que no lo volviera a hacer, que la gente ingrata te abandona en los momentos críticos, que sólo los amigos se prueban en el fuego y en la adversidad. ¡Cuánta razón tenía!

Fui de vuelta a la zapatería y una buena mujer, llamada Magdalena, me vio trabajando fuerte y me preguntó:

—¿Cómo te llamas?

—Abraham —contesté.

—Trabajas muy duro.

—Sí, es para ayudar a mi madre y a mi hermana.

—Dios te va a bendecir por esta noble causa.

—Gracias.

—Toma —me dijo—, traje un pan muy rico que te va a gustar.

Una vez más se lo agradecí.

Esa noche no había nada qué cenar en mi casa y le comenté a mi mamá la historia de esa señora.

—Que Dios bendiga a esa gran mujer —me dijo.

Con el tiempo, en la zapatería hacíamos el mejor calzado de toda la región. El viejo zapatero estaba muy orgulloso de mí y como no tenía familia, fincaba todas sus esperanzas en su joven ayudante. Un día me llamó y expresó:

—Hijo, tengo una noticia que darte: voy a cerrar la zapatería. Como ves, ya estoy muy viejo y ya no puedo atender el negocio, las manos me tiemblan y los pies apenas me sirven para caminar.

—¡Pero, señor, de qué voy a vivir! —contesté.

—No te preocupes, hijo, Dios es muy generoso.

—Mi padre, muerto; mi hermana, inválida; mi mamá, cansada, y yo sin trabajo; ¿qué vamos a hacer, señor?

—Lo siento, hijo, lo siento, pero ya vendí el local.

El joven ladrón

No sabía cómo comentarle a mi madre la tragedia de quedarme sin trabajo, necesitábamos urgentemente el dinero. Nadie quería emplear a un adolescente cojo y menos con la fama que ya tenía, pues muchos conocían mi historia.

Decidí no comentarle nada a mi viejita para no darle más preocupaciones. Ella notó que ya no llevaba tanto dinero y lo poco que ganaba era por cargar los bultos de los mercaderes, una propina displicente que no alcanzaba para nada.

Una noche, después de llegar muy cansado por el trabajo, observé que había mucha gente por mi casa y un escalofrío inundó mi frágil cuerpo. Al llegar, mi madre estaba tirada y mi hermana, que apenas podía caminar, lloraba en sus brazos, gritando: "¡Despierta, mamita, por favor despierta!"

No sabía qué hacer, busqué a un curandero para que la ayudara. Éste llegó, la auscultó y comentó:

—No se preocupen, no está muerta. Simplemente se encuentra muy débil debido a que tiene mucho tiempo sin alimentarse bien. Pequeño, ve rápido por un suero que tengo en ese morral.

Sacó un líquido espeso y se lo dio a tomar; a los pocos segundos mi madre empezó a despertar y le reclamé:

—Nos diste un gran susto, no lo vuelvas a hacer.

Aquel señor nos cobró una cantidad por sus servicios que apenas pude cubrir con mis ganancias del día, me dijo que mi mamá tenía que descansar y alimentarse bien. Ahora tenía más obligaciones y no me iba a alcanzar con lo que ganaba para sacar adelante a mi familia.

Días atrás una banda de jóvenes me invitaba a realizar una serie de fechorías; era el momento de aceptar sus ofrecimientos. No lo pensé más, mi familia estaba antes que el hambre. Así decidí convertirme en un delincuente.

Abdul Jafar se quedó boquiabierto.

—¡Cierra la boca! —dijo Abraham Paldul—. Ésa fue la razón por la que no te castigué, yo también fui un ladrón y me avergüenzo de ello.

Y continuó con su charla.

Aquel día decidieron robarle sus pertenencias a un viejo avaro que vivía solo. Yo nunca vi quién era, sólo seguí las instrucciones del cabecilla de la banda.

—En la noche vamos a realizar nuestro cometido —señaló—. Cuando esté dormido, tomamos sus ahorros y cada quien se lleva su tajada.

Y así sucedió aquella noche. Nos internamos en la oscuridad de un barrio de clase media; todo estaba muy solo, hasta el aire parecía que había desaparecido. Un gato negro daba la advertencia de que algo desagradable iba a ocurrir y el chillido de unos ratones hacía más escalofriante la escena.

Decidido, uno de ellos abrió la puerta con una ganzúa y observamos el hogar de aquel señor con unos muebles roídos, feos y muy viejos.

Yo comenté:

—Vámonos, aquí parece que no hay nada.

Uno de ellos dijo:

—¡No le saques!, yo vi que ese señor tiene guardadas varias monedas de oro.

Algo me atormentaba por dentro, yo no podía estar haciendo esto, mi madre se avergonzaría de mí, pero ya no podía dar marcha atrás, tenía que llevar dinero a mi hogar.

Comenzamos a buscar por todos lados y una voz interrumpió nuestras trastadas.

—¿Quién anda ahí?

Uno de ellos tomó una daga para acallar a esa voz de un timbre viejo. Corrió hacia él, lo tomó del cuello y ordenó:

—¡Cállese! O lo mato ahora mismo.

El viejo tiritaba de miedo y con voz entrecortada respondió:

—No tengo nada.

Me congelé de temor, yo conocía esa voz, era de alguien familiar.

La luna, con su brillo, me dejó ver su rostro y era el viejo zapatero que empezó a gritar aterrado:

—¡Ayúdenme, por favor, ayúdenme!

El joven que lo tenía amagado estaba a punto de enterrarle su daga en el pecho, cuando grité:

—¡No lo hagas, desgraciado!

Rápido lo soltó y corrió hacia mí para matarme y empezamos a golpearnos frente a las miradas incrédulas de los demás. Al final me enterró su puñal en un brazo, yo le di un puntapié en el rostro y quedó tirado. Tomé el puñal y el viejo gritó:

—¡No lo mates, hijo!

En unos instantes se despertó y se fue corriendo, junto con sus compinches, ante la falla de su fechoría.

El viejo se me quedó viendo y llorando me reprochó:

—¿Cómo pudiste hacerme esto?

—Yo no sabía que era usted, señor, yo no sabía.

De inmediato llegaron unos soldados y exclamaron:

—Escuchamos gritos y ruidos. ¿Qué pasa aquí? ¿Por qué este joven está sangrando?

En esos momentos pensé en Dios y le rogué que el viejo no me denunciara. ¿Qué iba a ser de mi madre y de mi hermana? ¿Cómo saldrían adelante? "¡Dios, no me falles!", repetí varias veces dentro de mí.

El viejo contestó:

—Varios jóvenes vinieron a quitarme mis pertenencias.

Rápidamente un soldado señaló:

—¡Aprehendan a este joven, que no escape!

Me sentía morir, sabía que el cojo llegaba a su fin, pero el agraviado ordenó:

—Suéltenlo, él no vino a asaltarme, si no hubiera estado aquí, en estos instantes yo estaría muerto. Él es un hijo que abandoné hace muchos meses y hoy ha vuelto a su hogar.

—¡Déjenlo libre! —dijo el soldado—, vamos en busca de los ladrones —y salieron corriendo.

—¡Gracias, señor! —expresé, mientras las lágrimas inundaban mi rostro y mi cuerpo se sentía lleno de remordimiento.

—Gracias a ti, por salvar mi vida —dijo él— y por respetar a un viejo que te falló.

Lo abracé, una vez más le pedí perdón y le conté la tragedia de mi madre. Llamó a un curandero para que me revisara y esa noche dormí en su casa, en el hogar de la persona que iba a asaltar.

Después de escuchar esta historia, el rostro de Abdul Jafar se inundó de lágrimas y Abraham Paldul lo abrazó, como un día lo abrazaron a él.

Cambio de rumbo

Después de aquel abrazo entre Abdul Jafar y Abraham Paldul, este último continuó su relato.

—Como verás, hijo, tú no has sido el único que ha intentado robar, yo lo hice en mi tiempo.

Desde aquella vez, el viejo zapatero quedó totalmente agradecido con el joven ladrón que un día, después de haber intentado un asalto, llegó a su hogar con un poco de pan y comida. Mi madre estaba angustiadísima y, a pesar de su debilidad, no pudo dormir durante la noche.

—Me tenías muy preocupada, hijo, ¿qué te pasó? ¿Por qué no llegaste a dormir? ¿Por qué estás bañado en sangre? —y empezó a llorar desconsolada.

Yo estaba a punto de confesarle la verdad cuando, de repente, una voz me interrumpió.

—¡Su hijo es un héroe, señora! Me salvó la vida. Unos jóvenes intentaron asaltarme; él pasaba por ahí para convencerme de que le diera trabajo otra vez y gracias a eso puedo contárselo todavía.

Mi madre estaba orgullosa de mí, pues creyó la historia del viejo zapatero que no quiso darle una mortificación más.

El viejo zapatero agregó:

—¿Saben? Soy un viejo que no tiene familia ni nadie con quién estar. Ayer, después de que su hijo me salvó la vida, me convencí de que no podía seguir acumulando pertenencias y continuar sin el amor de una familia. ¿Podrían adoptar en la suya a un viejo como yo?

Mi madre lo abrazó, yo me uní a ellos. Después, el viejo nos dijo:

—Sé que no han pasado por muy buenos momentos y quiero otorgarles un poco de ayuda. Por favor, acepten unos pequeños víveres que traje y algo de dinero, que por supuesto me devolverás tú, Abraham, con tu trabajo.

Yo asentí. Salimos de la casa y para nuestro asombro una carreta repleta de alimentos estaba frente a nosotros. Rápido los metí y me dirigí a la habitación de mi hermanita.

—Hermana, hermana, ve cuánta comida. Ahora sí te vas a alimentar bien y te curarás —mi hermana me abrazó y yo la estreché con todo mi corazón. Creo que nunca habíamos estado tan unidos como aquel día.

Mi madre y el viejo nos miraban con mucha ternura y lágrimas en los ojos.

Ahora la vida tenía que ser diferente, algo debía pasar para que las cosas cambiaran. Abrimos de nuevo la zapatería, el viejo nos cuidó, y mi madre parecía recuperarse de la hambruna que la mantenía con tanta debilidad.

Abigaíl comenzaba a caminar, aunque muy poco. Sin embargo, la calamidad otra vez aparecía en nuestras vidas.

El tiempo pasó y el viejo que nos cobijaba con su ayuda vivió los años que tenía que vivir y la muerte lo alcanzó. Sus parientes, que nunca estuvieron con él, reclamaron sus pertenencias. Él nos había dejado todo, pero no hubo testigos y nada se pudo hacer para detener a los buitres. Personas que jamás había visto en su vida ahora eran unos corderitos que "lo amaban demasiado" y no podían permitir que unos desconocidos gozaran de lo que con tanto trabajo había logrado para sus seres queridos; ellos, por supuesto.

Mi madre siempre nos dijo: "Dios proveerá", y no peleamos nada de lo que no nos pertenecía.

Una vez más, a empezar de cero, a forjar nuestro futuro, pero ahora ya era un joven adulto, con ganas de luchar y comerse el mundo. Durante el tiempo que trabajé con el viejo —que Dios tenga en su gloria—, ahorré un poco y decidí poner mi propia zapatería.

¡Qué irónica era la vida! Un cojo haciendo zapatos y una hermana inválida.

Al principio de mi negocio, las cosas fueron muy mal. Un día, un joven que venía de las montañas y que había estado cuarenta días y cuarenta noches en ellas, llegó muy cansado.

—Buen hombre —me dijo—, ¿puedes darme un vaso de agua, por favor? —y asentí inmediatamente.

—Tenga —cumplí su petición.

—Gracias—contestó.

Mientras lo bebía pude ver también que tenía hambre. Tomé mi desayuno —que era mi comida y mi cena— y se lo obsequié. Al observarlo, recordé todos los días amargos que había vivido años atrás.

—Te ves triste —me dijo.

—Mi vida ha sido triste —contesté un tanto sorprendido.

—Lo sé hijo mío, pero todo en la vida tiene su recompensa y lo que has hecho por mí también se recompensará.

—Señor disculpe, pero usted no conoce mi vida.

—¡Cómo no te voy a conocer! Eres un hombre bueno que regala sus alimentos a un desconocido. Bienaventurado aquel que socorre a los desvalidos, porque algún día él será ayudado.

En ese momento sentí ganas de llorar y contarle mi historia a aquel hombre, que me escuchó sin decir una sola palabra; su mirada atenta comprendía todo lo que había hecho y me había sucedido. Al final me abrazó, dejó que llorara entre sus brazos y señaló:

—El arrepentimiento es el primer bálsamo para el cambio y tú estás arrepentido. Eso te va abrir las puertas del cielo.

Sonreí y le dije:

—Vea mi premio: un changarro viejo y sucio, donde nadie me compra ni viene a reparar sus sandalias.

—Repara las mías.

—Pero usted no tiene dinero para pagarme.

—¡Yo te puedo ofrecer lo que quieras!

—¡Qué más puedo pedir! —expresé—. Dinero, mucho dinero.

—Yo puedo dártelo, pero a cambio de que me des tus piernas.

—¿Mis piernas? ¿Cómo podré caminar por el bosque? ¿Cómo podré correr hacia mi madre? No, no te puedo dar mis piernas.

—Entonces tus brazos.

—¿Cómo podré entonces alimentarme? ¿Cómo podré abrazar a mi hermana? ¿Cómo podré acariciar? No puedo darte mis brazos.

—¿Qué te parece si te doy mucho dinero por tus ojos?

—Pero así jamás veré un amanecer, no podré ver los ojos de nadie, ni una puesta de sol.

—¡Mira cuántas riquezas posees y no te habías dado cuenta!

—Tiene razón, pero ¿no ha visto que estoy cojo y que mi hermana está inválida, esperando en mi hogar?

—Yo no veo que cojees ni creo que tu hermana esté inválida, teniendo un hermano con el corazón que tú tienes.

—¡No bromee con eso! —grité enojado y salí corriendo del negocio. ¡¿Corriendo?! ¡No lo podía creer, no cojeaba, corría! Regresé aprisa para enseñarle a aquel hombre el milagro y sorpresivamente había desaparecido.

Con asombro y entre sollozos me dirigí a ver a mi hermana y a mi madre. Cuando llegué, otra enorme sorpresa me esperaba: mi hermana brincaba de felicidad, pues también se podía mover perfectamente.

Era un milagro, Dios me había perdonado. Empezó a llover y salimos a mojarnos los tres, mientras yo gritaba extasiado:

—¡Gracias, Dios Santo! ¡Gracias por el milagro que acabas de realizar! ¡No me había dado cuenta de la riqueza que tengo! De la riqueza que poseemos hasta que no perdemos una parte de nuestro valioso cuerpo y a algún familiar. Luchamos para tener una vida opulenta, pero descuidamos lo más grande que tenemos: nosotros mismos.

Y comprendí que quien da lo mejor de sí para los demás, la vida se encargará de darle lo mejor de sí para él. El Señor me había ayudado por auxiliar a los demás sin esperar nada a cambio.

La noticia

La noticia corrió rápido por la ciudad, todo mundo quería enterarse del milagro. Sin embargo, otros no querían que se divulgara, ya que varios intereses se podrían perder.

Yo describí al hombre de las sandalias, pero nadie quiso creerme, las señas eran de una persona que había fallecido años atrás en una cruz, castigado injustamente por nosotros los hombres y quien resucitó al tercer día y ahora está junto al Señor.

Cuentan que predicó la palabra del Señor, realizó un sinnúmero de milagros, curó leprosos, hizo ver a los ciegos, oír a los sordos, hablar a los mudos, caminar a los paralíticos, y aún así, lo castigamos. ¡Perdónanos, Dios! ¿Cómo pudimos hacerle esto? Tal vez crean que estoy loco, pero juro que es el mismo. Él fue quien cambió mi vida por una situación que no sé bien. Gracias, Dios.

La mayoría de la gente no creía en el acontecimiento. Unos decían que era una sarta de mentiras para llamar la atención y así vender más mis sandalias; otros, que simplemente lo había soñado. Todo mundo era escéptico ante este hecho y eso fue motivo para que, en poco tiempo, muchos dejaran de adquirir mis artículos.

Y cuando el hambre más apretaba se acercó a mí un viejo llamado Pablo, quien me reconfortó, me dio su bendición y afirmó:

—Hijo mío, has sido bendecido doblemente por Dios; en primer lugar, porque lo pudiste ver.

—¿Usted sí me cree? —pregunté.

¡Claro, yo también lo he visto!

—¡Gracias por creerme! —contesté llorando.

—Cuando Dios llega a ti, es porque estás dotado de un gran don.

—¿Un don? ¿Qué don voy a tener? Si no puedo vender ni un triste par de sandalias, soy un inepto para las ventas.

—Te equivocas, joven, tú estás destinado a ser el Mercader de Dios. El hombre que dictará los principios más importantes del universo en el mundo de las ventas y que fortalecerá aún más la imagen de Dios.

—No bromee, por favor; no se burle de mí.

—Hijo mío, tienes que viajar a Nazaret, lugar de nacimiento de Cristo; ahí encontrarás las siete respuestas para ser un gran vendedor.

—¿Siete respuestas para ser un gran vendedor? Y mi madre y mi hermana, ¿quién las cuidará? Yo no puedo ir a ningún lugar y dejarlas solas y desamparadas.

—No te preocupes, Dios las protegerá.

—¡¿Pero por qué yo?!, si soy un bueno para nada.

—Nunca reniegues de los designios del Señor. Todos en la vida poseemos un don y tenemos la responsabilidad de descubrirlo en favor de los demás. Dios te otorgó el don de las ventas; ve y descubre tu futuro, tu razón de ser, tu esencia. Sólo los más valientes se han atrevido a enfrentarse a su futuro y encontrar su lugar en la vida. Atrévete a formar parte de la generación de los realizados, de los que tienen bien definida su misión existencial.

"No nos decepciones muchacho, y lo que sería peor: no te decepciones a ti mismo. En la naturaleza todo tiene su lugar y cuando tú no encuentras el tuyo, desequilibras tu entorno. No seas el eslabón que no supo unir a su familia, a su país, y que no se supo unir con Dios. ¡Ve y encuentra tu lugar entre las estrellas!"

En ese momento, Pablo desapareció. Yo fui con mi madre y le conté la historia, ella inmediatamente entendió y me dijo:

—Es hora de que partas, hijo. Todos algún día tenemos que partir para encontrar nuestro propio *yo;* lo mismo hizo tu padre y lo mismo hice yo cuando formé mi familia.

Ese día le di un abrazo a mi hermana y un gran beso a mi madre. Triste, tomé mis cosas y me marché del hogar, exclamando una bendición: "Dios, protege a mi madre y a mi hermana, y envuélvelas con tu manto sagrado para que no les falte nada".

Las siete respuestas

La magia de la fe

A partir de ese momento, mi mente se concentraba en siete respuestas para ser un gran vendedor. Siete ciudades me dirían qué es lo que debía hacer para tener éxito en esta noble pero difícil profesión.

¿Por qué Dios me habría escogido a mí? ¿Qué destino depararía la vida para mí y para mi familia? Eran dos interrogantes que tenía que descubrir. Pero el tiempo es el único lugar que da todas las respuestas.

Al caminar por el desierto me encontré a un hombre en un camello, que se acercó a mí y me dijo:

—¿A dónde vas? —y le conté lo sucedido—. ¿Tú crees en esa sarta de mentiras? Regrésate con tu madre y con tu hermana, ellas te necesitan. Todos nacimos para algo, pero hay quien no tiene oficio ni beneficio, y debes aceptar tu destino. Sólo unos cuantos alcanzan el éxito y tú no eres de ellos. Acepta los designios de la vida y no busques más —y partió sin dejar rastro de su presencia; su turbante negro y su gesto tosco se perdieron en la oscuridad del desierto.

Al día siguiente me vi tentado a regresar, pero recordé el milagro que sucedió sobre mi persona y creí que Dios lo había hecho por algo, así que no *podía* declinar por el comentario que un sujeto raro hiciera en mi contra. Siempre valdrá más el consejo de la gente que te quiere que el de cualquier extraño, aunque haya quienes sólo entiendan al revés.

Al externar estas palabras un cuervo negro graznó furioso contra mí y me hirió un brazo; lo raro es que esa especie nunca se le ve por estos lugares. Afortunadamente un viejo bastón que cargaba fue suficiente para asestar un golpe a aquella malévola ave y así saliera volando despavorida.

No podía detenerme, tenía que continuar mi camino, el futuro me estaba esperando y yo necesitaba acariciarlo para bien de mi familia.

Mi primer destino era Jerusalén, aquel lugar que estaba marcado para Jesús, donde realizó sus primeros milagros y yo aprendería el primero de los conceptos que cambiarían mi vida. No podía permitir que nada ni nadie me apartara de la idea de llegar a ese lugar.

Otras dudas asaltaban mi mente: ¿quién me iba a instruir?, ¿quién me enseñaría el arte de las ventas? No lo sabía. Lo único cierto es que tenía que confiar en mi destino.

Los días pasaban en aquella ciudad y el poco dinero que llevaba empezaba a escasear. Todos me miraban de manera extraña: "¿Qué hace este extranjero en nuestra ciudad?", se escuchaban las voces.

Sin dinero y sin provisiones, tuve necesidad de hacer algo para sobrevivir, trabajar en uno y otro oficio, sin ningún logro, sin ningún mensaje.

El tiempo disminuía mis fuerzas y tenía ganas de desistir, retornar con mi familia. Comencé a dudar de las palabras de aquel anciano que me instaba a cumplir una misión, y que jamás me advirtió de lo difícil que sería cumplirla.

Una mañana de tantas, una anciana lavaba los vidrios de su casa y decidí ayudarle.

—¿Me permite, señora? —tomé unos trapos, enjaboné los cristales, les eché agua y después los sequé con perfección; ella me miraba fijamente.

Cuando terminé me dio las gracias, se metió a su hogar y cerró la puerta sin decir una palabra.

Yo estaba fatigado, me quedé en silencio. Me senté en una pequeña barda a la entrada de aquella casa y pensé: "Señor, llevo semanas en este lugar y no ha habido ninguna señal. Confío en Ti y voy esperar el tiempo que sea necesario para encontrar mi destino; pero por favor, mándame una señal", y una lágrima escurrió sobre mi mejilla.

Dos horas después, la puerta del hogar de aquella señora mayor se abrió. Una joven con ojos grises, nariz respingada, barba partida y con una sonrisa hermosa salió, se me quedó mirando y expresó:

—Así que tú eres el joven apuesto que ayudó a mi abuela.

—Sí —dije, un tanto embobado por la hermosura de aquella mujer.

—¡Pues arriba, hombre!, te hemos visto sentado horas en este lugar y creemos que tienes hambre.

—¿Me van a invitar a comer?

—Sí, pero ya levántate.

Me paré feliz y entré a la casa, un lugar modesto donde se respiraba paz y armonía.

—¡Hola! ¿Cómo están? —dije a la chica y a su abuela—; mi nombre es Abraham, Abraham Paldul.

—¡Hola! —respondió risueña, yo soy Sara; mi abuela se llama Abigaíl.

—Igual que mi hermana —le contesté.

Empezamos a platicar, les conté mi historia y la abuela me escuchaba asombrada.

—¿Por qué estás tan sorprendida abuela? —preguntó Sara.

—Hace muchos años murió en la cruz aquel hombre al que llaman Jesús. Mi esposo recibió de su abuelo una caja que contenía un escrito que se le tenía que dar a un joven que iba a venir algún día por él. Nosotros no creíamos ni una sola palabra de ese cuento, yo era la más escéptica y constantemente me burlaba de mi marido. Ahora comprendo que tenía toda la razón.

Un "Te amo, viejo" dejó callada a la anciana y tras un lento andar fue por aquel encargo que creía una burla un siglo atrás.

—Una antigua caja fue entregada en mis manos. Dentro de ella aparecía un papiro muy viejo con un mensaje que decía:

La magia de la fe

Querido hijo:

Tienes en tu ser el don más preciado por Dios, la magia de la fe; a través de muchas generaciones la llamarán de mil modos, pero ésta permanecerá inmanente a través de todas ellas, a través de los sueños de la humanidad.

Cuida lo que piensas, ya que lo que piensas determina tus acciones; cuida tus acciones, ya que tus acciones determinan tu carácter; cuida tu carácter, ya que tu carácter determina tu fe; cuida tu fe, ya que tu fe determina tu futuro.

Cuando desees algo, aférrate a ese sueño y éste se cumplirá, no importa qué tan grande o efímero sea, qué tan vano o fútil, qué tan importante o sencillo; si tú quieres lograr algo en la vida, se te cumplirá si tienes fe y persistes hasta lograr todos tus objetivos.

No sucumbas al primer intento, ya que las mentes débiles se dejan vencer fácilmente; a base de persistir y persistir irás logrando los peldaños para alcanzar grandes montañas.

Y si algún día caes tienes que tener la fortaleza para volver a escalar. Los grandes humanistas han caído una y otra vez y se han levantado a pesar de los golpes fuertes que les han dado para sucumbir sus tareas.

Y en cada intento que hagas, la fuerza del universo se acercará a ti para que logres todo lo que has soñado, ya que el cosmos apuntala hacia el éxito los más grandes esfuerzos.

La fe es el alimento de los triunfadores, a través de la historia encontrarás a hombres que tuvieron que pasar mil tribulaciones para lograr lo que habían idealizado. Algunos les llamarán testarudos, idealistas, locos, inmaduros; otros les llamaran genios o visionarios, pero ellos serán los que cambiarán la historia, los que crearán los adelantos y los que vivirán de forma inmanente, trascendiendo de generación en generación. Estos seres, a pesar de haber caído cientos de veces, se han levantado una y otra vez con la magia de la fe para culminar la tarea encomendada.

Así, tú tienes las características necesarias para culminar tus sueños, para alcanzar tus ideales, ser un triunfador; y no importa cuántas veces tengas que caer, ya que las caídas te ayudarán a crecer cada vez más. Uno aprende más de los momentos críticos que de los instantes de prosperidad; el acero se forja en el fuego; el amor en la distancia; la amistad en las desgracias; así, de los momentos adversos se forjan los grandes triunfadores y podemos encontrar la sabiduría del Señor, la magia de la fe.

Lucha contra los enemigos internos que no te dejan culminar tus metas, aquellos que te invitan a la abulia, la mediocridad, el conformismo, la pereza y tantos males que te van destruyendo lentamente.

Recuerda que tú eres lo que tienes en la mente y si en la mente tienes la magia de la fe, seguramente cientos de miles de fuerzas se unirán a ti para alcanzar lo que tanto has querido; no sabrás de dónde, pero inesperadamente encontrarás los caminos que te ayudarán a alcanzar el sendero anhelado, la fuente de la felicidad.

Tú puedes pensar bien o pensar mal y en ambos pensamientos se encerrará tu verdad; si dices que no puedes y que Dios te eligió para no ser nadie, así será tu vida; pero si dices que puedes y que Dios te eligió para la grandeza, así será tu vida. Yo les otorgué el libre albedrío para que ustedes eligieran su destino, pero deben aprender que las cosas que más valen la pena requieren más esfuerzo; lo que fácilmente llega, fácilmente se va. El hombre lleva la perfección y tiene que aprender a buscarla, tal vez nunca lo logre, pero cada vez se acercará más a ella.

Rodéate de un ambiente positivo, aleja las malas influencias de tu vida. Observa a las personas con quien más te juntes, ve su comportamiento y en cierta forma te estarás juzgando a ti mismo.

Si quieres felicidad, sé feliz. Si quieres amistad, sé amistoso. Tus acciones reflejan en cierta manera el ambiente que te rodea. No puedes pisotear las rosas y dejar que se te impregne el aroma de las mismas.

Nunca te derrotes y cuando estés a punto de sucumbir, recuerda estas siete palabras: "Jamás, jamás, jamás me daré por vencido".

Ten fe y mueve las montañas del mundo; el universo está contigo, eres dueño de tus acciones.

Recuerda la parábola del escalón.

El futuro no es más que un escalón que tienes que subir en el presente. Cuando des el siguiente paso hacia arriba debes tener fe, pensar positivamente construir las bases para un crecimiento sano y siempre encontrarás el escalón que sigue en su lugar, ya que los que tienen fe están ciertos de lo que tienen que realizar, para no caer nunca jamás. Y cuando pises un escalón que te conduzca al vacío yo te daré mi mano para que sigas subiendo, apoyándote en mí.

La vida se compone de un constante subir y bajar para alcanzar la misión que te designó Dios. Manda tu corazón hacia tu sueño y seguramente tu espíritu lo seguirá.

Encuentra tu misión, encuentra tu destino, ten fe y yo estaré esperándote, querido hijo, con los brazos abiertos.

Quien tiene fe a nada le teme, nada lo derrota, nada lo merma, todo lo soporta, todo lo motiva, todo lo logra.

Atrévete a soñar, a cambiar lo incambiable, a lograr lo imposible, a pensar en un mundo mejor y sembrarás seguramente la semilla del éxito. Espera buenas noticias y a la vuelta de la esquina encontrarás una respuesta similar a tu deseo.

Bienaventurados los que tienen fe, porque ellos conocerán el Reino de Dios.

En cuanto terminamos de leer ese pergamino entendí la razón de mi existencia, la razón de mis desgracias, el porqué de mi vida y no haber alcanzado todos mis objetivos.

Faltaban todavía seis pergaminos que me ayudarían a encontrar mi destino y ya me sentía feliz, entusiasmado por aprender más.

Después de este encuentro con Dios, me quedé unos días para ayudar a Sara y a su abuela Abigaíl a terminar algunas tareas y arreglos en la casa.

A medida que iba conociendo a Sara, más me enamoraba de ella, no sólo de su hermosura física, sino de su belleza espiritual; me complementaba, sentía que la necesitaba, era otra parte de mí.

Ambos sabíamos que había un solo Dios que nos estaba protegiendo y que nos engrandecía día a día para cumplir nuestros objetivos con la magia de la fe.

No podía esperar más, estaba cada vez más enamorado de Sara y decidí confesarle lo que sentía.

—Sara, quiero decirte que te amo y me gustaría que algún día podamos compartir nuestras existencias. Te prometo que vamos a tener muchas discusiones y que se van a presentar diversos imponderables en nuestra existencia; que a veces voy a estar de mal humor y otras insoportable; pero también te prometo que vamos a envejecer juntos y que voy a curar tus reumas y a recordarte todo lo que se te ha olvidado. Y que el amor que hoy te declaro jamás, jamás se morirá.

Ese día, Sara se puso a llorar y me dijo que también me amaba, sólo que no podíamos casarnos hasta no haber cumplido la misión que Dios me otorgó. Hablamos con la abuela y ésta estuvo de acuerdo.

Con el transcurrir de los días, nuestro amor crecía y se afirmaba, pero yo estaba pensando en aquellas palabras que se cruzaron en mi vida, a las que había fallado por tanto tiempo. En una ocasión, Sara se acercó a mí y me comentó:

—Te veo pensativo, ¿qué te pasa?

—Estoy pensando en la magia de la fe. ¿Cómo es posible que todos tengamos una misión en la vida y sólo unos pocos se detengan a razonar sobre ella? Muchos vamos deambulando por nuestro destino y jamás nos ponemos a meditar sobre esta cuestión; hablamos de un sinnúmero de temas los problemas que se suscitan en nuestra familia, pero a lo verdaderamente trascendente no le damos ninguna importancia.

"No sabemos hacia dónde vamos y menos cómo ir. Creemos que Dios nos asignó un destino y debemos conformarnos con lo que tenemos. Si nacimos pobres, nos justificamos y decimos 'ése era mi destino', excusando nuestra mediocridad, cuando Dios nos hizo perfectos.

"Cuántos mercaderes no se imponen una serie de paradigmas, y antes de cerrar una venta, piensan que no pueden y la manera en que se van a justificar, echándole la culpa a los demás de la mala actitud con que comenzaron al ofrecer sus productos, o se derrotan cuando alguien les dice *no* a la primera vez y creen que no nacieron para determinada tarea. Perdieron la fe en sí mismos, cuando lo que deben hacer es luchar y luchar hasta alcanzar sus objetivos.

"Nosotros podemos alcanzar nuestros sueños, porque Dios está con nosotros, y si nos aferramos a ese sueño, y luchamos fervientemente por él, y tenemos fe, ese sueño aterrizará en una agradable realidad.

"Dios nos permite soñar, crecer, ilusionamos y lograr todo lo que nos propongamos, ya es hora de cambiar, de enfrentar nuestro destino y de demostrar al mundo nuestra valía."

—Veo que te gustó el mensaje —dijo Sara.

—Así es —le confirmé.

—A mí también. Existe mucha grandeza en él.

Al escuchar las palabras de Sara, comprendí que ya era momento de partir, de emprender mi viaje hacia la segunda ciudad que me daría el segundo mensaje.

El arte de la comprensión

Después de algunos meses, me despedí de Sara y de la abuela Abigaíl, prometiéndoles que un día regresaría por ellas para llevármelas a vivir con mi hermana y mi madre, y que formaríamos una gran familia. Ambas se quedaron felices por el hermoso encuentro que habíamos tenido, pero a la vez tristes por mi partida.

Yo también las iba a extrañar demasiado; sin embargo, estaba feliz porque se habían cruzado en mi camino.

Ahora me dirigiría a Jericó. ¿Qué sorpresas me depararía el viaje? Era incierto, pero lo que sí sabía era lo que quería, ya tenía en mi interior una fuerza profunda que me ayudaría a encontrar lo que tanto había deseado, tenía la magia de la fe, aquella que muere al último y la que ayuda a los vencedores.

Antes de salir de Jerusalén, una mujer anciana, con mirada profunda, muy pesada, se acercó a mí y me preguntó:

—¿Ya te vas, forastero?

—Sí, voy hacia mi destino.

—Tu destino está aquí, con Sara y Abigaíl. ¿No te da pendiente que cuando regreses, Sara ya se haya encontrado a otro hombre y jamás la vuelvas a ver?

—Pues sí.

—Entonces no te vayas. Aquí estás bien, hay gente que te ama y que amas. Deja atrás tus sueños y sacrifícate por ellas; te necesitan. Demuéstrales tu amor renunciando a lo que tanto ansías.

—Es cierto lo que dice, pero tengo una misión que cumplir. Si no la realizo, defraudaré a los seres que amo y, sobre todo, a mí mismo. Si Sara de verdad me ama, me esperará; si no, quiere decir que nunca me amó. Yo tengo fe en que ella me estará esperando con los brazos abiertos y juntos realizaremos nuestro amor.

—Tonto —insistió enojada—, cerca de Jericó existen pueblos que están en guerra, alguno de ellos te capturará y de nada te servirá tu dichosa fe. No insistas, tú no naciste para ser alguien importante, resígnate.

—¿Quién es usted? Sus palabras son similares a las de un señor que me encontré en el desierto.

—Yo ya no quiero platicar contigo —señaló y ya no la volví a ver.

Rumbo a Jericó, me encontré a dos pequeños hambrientos.

—¿A dónde van, niños?

—A Jerusalén, a buscar a nuestras madres; nuestros pueblos están en guerra y creemos que ahí están ellas. No sabemos por qué pelean, nosotros somos los hijos de los gobernantes de cada pueblo y somos amigos. ¡Nuestros papás no se pueden pelear!

—Tomen mis víveres, a ustedes les hacen más falta; vayan a casa, a Jerusalén, y pregunten por Sara y Abigaíl, ellas les ayudarán a encontrar a sus madres.

—Gracias, señor, que los dioses lo bendigan —externó uno de ellos.

—Dios —le respondí—, un solo Dios, pequeño —el niño me sonrió y partió a Jerusalén.

En el trayecto, la noche cada vez se hacía más espesa, por lo que acampé sobre una llanura y me dispuse a dormir.

Al amanecer, estiré mis brazos y, en cuanto abrí los ojos, un grupo de soldados me amenazaba con sus espadas.

—¿Qué haces aquí, forastero?

—Voy a Jericó a cumplir una misión encomendada.

—¿Será la de matar a nuestro gobernador?

—Yo no quiero matar a nadie, yo busco la paz.

—Eso se lo vas a decir a nuestro gobernador.

Me amarraron, me golpearon y me llevaron hacia él. Después de caminar muchos kilómetros, llegamos con el gobernador, al que le hicieron algunos comentarios. Inmediatamente se dirigió a mí y me preguntó:

—¿De dónde vienes, hombre?

—De Belén, señor.

—¿Qué haces aquí?

Le conté mi historia, se rió junto con sus soldados y comentó:

—Estás loco, pero no me interesa. Sin embargo, alguien secuestró a mi hijo y yo no confió en ti. ¡Córtenle la cabeza!

—¿Por qué, señor? Yo no le he hecho mal a nadie.

Me arrastraron hacia un lugar muy lúgubre para su propósito. Me agaché, pusieron mi cabeza sobre un tronco y con un hacha estaban a punto de lograr su cometido. En ese momento pasaron por mi mente cada una de las escenas de mi vida. La manera en que jugaba con mi padre y con mi hermana, lo que le hice a mi familia, el milagro de Dios, cómo conocí a Sara; recordé toda mi vida y pensé: "Disculpa, Dios, no pude cumplir mi misión, te fallé".

En ese momento, una lluvia de flechas cayó sobre los soldados que me iban a matar. Otros soldados me rescataron y me llevaron hacia unas cuevas donde se estaban escondiendo.

Una de las saetas había impactado en uno de mis hombros, me puse grave y sufrí intensas fiebres. Un día desperté y una mujer me estaba curando la herida.

—¡Hasta que despertaste, hombre! Llevas semanas aquí, la has pasado muy mal y creíamos que ibas a morir.

—Ya ve, sigo vivo. Pero ¿dónde estoy?

—En unas cuevas de Jericó; nos escondemos para atacar a aquellos que secuestraron a mi hijo.

—¿Secuestraron a su hijo?

—Así es, su nombre es Juan y desapareció.

—Yo vi a Juan y al hijo del otro gobernador —recordé.

—¿Viste a mi hijo?

—Sí, iba a buscarla, junto con otro niño de esas características —y se las describí.

—Son las del hijo del otro gobernador; entonces esta guerra es una confusión.

—Así lo creo, señora.

Rápido me montaron en un carruaje, la dama habló con su esposo y fueron a dialogar con sus contrincantes.

Después de platicar con los otros gobernadores se aclararon las cosas, fueron por los niños y los trajeron de regreso. Los pequeños explicaron que no podían ver cómo sus padres peleaban constantemente cuando ellos eran excelentes amigos, por eso decidieron escapar.

El gobernador de un pueblo creía que su homólogo tenía secuestrado a su hijo y eso inició una sosa guerra.

—Gracias —me expresaron— por ayudar a nuestros hijos y por terminar con este conflicto que se suscitó por una confusión.

—Ahora sí creo en tu Dios, hijo —señaló el gobernador que me iba a matar.

—Agradezco sus palabras señor, sólo vine a buscar un mensaje y no he encontrado nada.

—En una de las paredes de la cueva donde estuvimos —intervino la esposa del gobernador— estaban escritas unas palabras, pero no les pusimos atención debido a esta guerra.

Fuimos al lugar y efectivamente, ahí había un muro que decía:

El arte de la comprensión

Entre más gente haya en el universo, mayor será la necesidad de que quiera ser comprendida. Resulta paradójico pensar que a mayor crecimiento de la humanidad, se incrementa la soledad y la incomunicación del hombre.

Por eso, sólo los que se atrevan a comprender primero y después a ser comprendidos, tendrán la clave de las relaciones, serán admirados, respetados y siempre habrá un amigo a su lado para apoyarlos, motivarlos e impulsarlos en su camino hacia la cumbre.

La comprensión es la base de la unión, la solución de los problemas, la cuna de la paz, el entendimiento y el fin los conflictos.

Todo mundo desea ser comprendido, que la gente le ponga atención, ser el centro de las conversaciones; eso es muy común. Pocos buscan realmente comprender, comprender verdaderamente lo que sucede dentro del corazón y el pensamiento de las personas. Cuando una persona comprende, se rodea de gente que tiene la necesidad de ser comprendida y le abre su corazón, confesándole sus más íntimos secretos. Secretos que los ayudarán a crecer en sus personas y en sus negocios, a entender a sus semejantes y a conquistar el mundo. Quien comprende, logra ser el centro de las conversaciones y todo mundo desea estar con él, ya que hay pocos en su clase.

Si quieres crecer en las relaciones humanas, regálale a todo mundo tus oídos y tu atención, pero a pocos, muy pocos, tu voz.

Cuando uno verdaderamente comprende, no sólo escucha con los oídos, también lo hace con el corazón y el alma. Intuye y entiende perfectamente lo que sucede dentro de cada persona, la ayuda a crecer, la motiva y la exhorta a salir de sus problemas.

Nadie quiere estar con quien le va a originar conflictos, de eso huye el mundo. Todos desean estar con quien les ayude a salir de ellos, quien los entienda, apoye y sepa comprender.

Tu misión estriba en ayudar a que los demás encuentren su realización y no a buscar tu realización a través de los demás. Tu crecimiento es directamente proporcional al apoyo que le brindes a la gente y a tu deseo de hacer crecer a tus semejantes.

Cuanto más escuches, mayor será el número de herramientas que tendrás para lograr exitosamente tus objetivos. Y si te dedicas al arte de las ventas, mayor será tu necesidad de escuchar, porque todos esos consejos que recibas de tus clientes son los que moldearán los servicios que debes brindar para alcanzar el éxito. Si no entiendes las necesidades de tus clientes, no sabrás lo que debes realizar para alcanzar tus objetivos.

Debes estar cierto de que Dios quiere que escuchemos más y hablemos menos, por algo nos otorgó dos oídos y sólo una boca.

Ahora es tu momento de escuchar; al principio requiere mucha paciencia y prudencia, pero al final obtendrás tu recompensa.

Grandes conflictos se han originado por no saber escuchar. En el más pequeño de los hogares se han suscitado, porque el padre o la madre no han sabido establecer una comunicación digna, distorsionando el sentido de los sentimientos a su favor. Y en la más grande de las naciones, porque no ha comprendido a sus habitantes.

Si en realidad quieres crecer, debes aprender a comprender. Comprender realmente lo que una persona ve, escucha y siente; comprender la esencia de lo que te solicitan y ayudar a tus semejantes. Estableciendo las bases del cambio con una excelente comunicación, donde el que habla se retroalimenta del que escucha a través de un entendimiento mutuo.

Todo mundo debería aprender a escuchar, a entender a sus semejantes, a concentrarse en lo que los demás dicen sin hacer comentarios, para después dejar que los demás lo escuchen sin interrupciones. De esa forma se evitarían muchos problemas y falsos resentimientos. Para forjar hogares en medio de la paz, el amor y el entendimiento y formar naciones con ese mismo concepto.

Atrapa a las personas con tu entendimiento, bríndales la mejor comunicación a través de tu escucha; comprende a tus semejantes y demuestra tu grandeza, ya que naciste para triunfar, para ser grande y escalar las más enormes montañas.

> La comprensión hace la gran diferencia en todos los sentidos, diferencia que te brindará el éxito no sólo en las relaciones humanas y públicas, sino en los negocios, ya que al escuchar, le otorgarás a los demás el servicio que siempre han deseado y que jamás imaginaron que alguien les ofrecerían.
>
> Recuerda: el hombre de éxito acapara al escuchar; el hombre común acapara hablando.
>
> Hoy es un buen momento para escuchar, cambiar y crecer.
>
> Ahora, hijo, ve y sigue emprendiendo tu misión, ya que cuentas con una fuerza muy poderosa en tu vida, que te ayudará a abrir puertas en cualquier lugar, la llave de las relaciones públicas y humanas, el arte de la comprensión.

Después de leer esto, los gobernadores se voltearon a ver, se abrazaron pidiéndose perdón y prometieron que jamás se volvería a originar un conflicto de esa naturaleza, pues entendieron la importancia de ese gran principio, de esa gran ley.

Enseguida nos dirigimos al reino de aquel que por poco me quita la vida y hubo un gran festejo por la paz que ahora se vivía y las sabias palabras que se divulgaban por los pueblos.

Todo mundo contaba la maravillosa historia que acababa de suceder y que trascendería por el resto de los siglos como la guerra de la comprensión. Aquella que se originó entre dos pueblos que no supieron comunicarse.

Mi pregunta era: ¿cuántas veces se repetiría este conflicto? Seguramente muchas, me respondí, pero tenía la esperanza de que mucha gente inteligente lo entendiera y propagara el mensaje entre sus seres queridos, y que algún día la paz viviera en cada uno de los hogares de la faz de la

Tierra. Aunque sé que el egoísmo, la mezquindad, la maldad, la envidia y la codicia estarían haciendo su tarea por los siglos de los siglos, apoderándose de las mentes débiles con delirios de grandeza.

Terminadas las fiestas, los gobernadores me invitaron a que me quedara, pero no acepté, porque tenía que continuar con mi travesía, todavía faltaban por descubrir cinco respuestas para cambiar mi vida y no podía perder más tiempo. Estaba deseoso de saber el siguiente principio y las historias que me depararían, que escribirían mi destino en mi trayecto hacia las estrellas.

El conocimiento de uno mismo

Después de unos días en los que me trataron como rey y en los que aprendí a querer a aquellos chiquillos que encontré hambrientos, decidí despedirme de mis nuevos amigos.

Los gobernadores me pidieron que regresara después para conocer más sobre los siete grandes principios y querían escuchar las aventuras que viviría.

Les prometí que con gusto volvería, pero no sin antes ir por mi madre, mi hermana y la que sería mi esposa. Aceptaron encantados.

Antes de partir, y para mi sorpresa, estaban dos mulas: una para que la montara y la otra llena de monedas de oro para atender mis necesidades. Yo les dije que *no*, pero ellos me convencieron para que aceptara.

Les di las gracias y me dirigí a Samaria, donde conocería el tercer secreto. ¿De qué hablaría? ¿Qué conceptos nuevos aprendería? Tenía tantos deseos de aprender que ya anhelaba llegar a ese lugar.

En mi mente se producía una serie de pensamientos que despertaban mi hambre de conocimientos. En unos cuantos meses aprendí conceptos tan importantes como la magia de la fe y el arte de la comprensión.

Empezaba una nueva travesía y mis reflexiones se concentraban en mi madre, mi hermana, Sara y la abuela. Cuando regresara a casa y les contara lo sucedido, seguramente no me lo iban a creer, imaginaba una y otra vez mientras observaba aquellos caminos llenos de arena y soledad.

El sol, en su máximo resplandor, quemaba mi rostro y las noches congelaban mis ropajes. Pero tenía que continuar, no podía desistir, iba al encuentro de mi destino.

Una mañana, tras seguir mi camino, encontré a tres personas felices en un lago. Las saludé y les pregunté dónde estaba.

—Entre Sicar y Samaria —respondieron.

—¿Y quiénes son ustedes?

—¿Quiénes somos? No lo sabemos, eso es lo que estamos averiguando; supuestamente por aquí lo descubriremos.

—No entiendo.

—Sí conocemos nuestros nombres: yo soy Sedequías, él es Nahsón y él Salmón. Pero queremos saber quiénes somos y estamos en busca de nuestra identidad, somos filósofos; no hemos encontrado la respuesta, nos dijeron que por estos lugares la encontraríamos; ya llevamos años y no hemos hallado nada.

—Y tú, ¿a dónde vas?

—A Samaria, a encontrar mi misión.

—¡Qué interesante! —respondió uno de ellos.

Y les conté mi historia.

—¿Entonces tú eres el elegido?

—¿El elegido?

—Claro, las estrellas ya cuentan tu historia. Tú vas a ser el Mercader de Dios.

—Están equivocados, ¿cómo creen?

—Señores, aquí tienen al Mercader de Dios —y los tres se inclinaron en forma de reverencia—. Ilumínanos con tu sabiduría —dijo Nahsón.

—Yo no soy sabio, sólo sé que existen grandes fuerzas en el universo que nos ayudan a encontrar lo que creemos perdido, a descubrir lo oculto y a dar los pasos que necesitamos para alcanzar la grandeza. Hasta el momento he descubierto dos conceptos: la magia de la fe y el arte de la comprensión, y voy en busca de otros cinco para completar los siete conceptos básicos.

Todos se quedaron maravillados escuchando mis palabras; la noche cayó repentinamente y decidimos acampar y dormir en ese lugar. De pronto, un viento fuerte que cegaba los ojos se dejó sentir como si estuviera enojado con nosotros y descargara su furia en medio del desierto.

Los filósofos empezaron a meditar y a decir algunas palabras, y más arreciaba; parecía una lucha entre dos poderosas fuerzas. Y así como llegó, se fue; no sin atraer cosas peores.

Salmón me miró y dijo:

—Pequeño joven, toda virtud lleva consigo un sacrificio; para desarrollar aquello que quieres, tienes que dejar atrás otras cosas que también quieres, y eso hace que enfrentes una lucha contra ti mismo.

"Como sabrás, existen fuerzas del Bien que te ayudarán a encontrar tu camino, pero existirán otras que querrán que no lo encuentres."

Me acordé del hombre del camello y la anciana que me incitaban a desistir en mi búsqueda.

—No te dejes vencer y ve en busca de tu destino —concluyó Salmón.

En ese momento se despidieron; en medio de la noche se difuminaron y aparecieron tres estrellas en forma de cinturón en el cosmos.

Tras observar ese hermoso espectáculo, escuché a unos hombres a todo galope que gritaban: "Ahí está, ahí el hombre de las monedas!" Eran unos ladrones que venían hacia mí. Yo traté de escapar pero todo era inútil, no pude, pues tenían rodeada la tienda donde me albergaba.

Rápidamente me amarraron, me taparon los ojos, me amordazaron y me llevaron a su guarida.

Ya sin mordaza grité:

—¡Déjenme en paz! Yo soy pobre, nada tengo que hacer aquí.

—¿Pobre, un hombre que carga tanto oro? —cuestionó uno y todos rieron a carcajadas.

Y conté la historia de cómo gané el dinero.

—Bueno, nadie sabe para quién trabaja —dijo otro y todos volvieron a reír.

—Déjenme, quédense con lo que me quitaron, ya se pueden ir.

—No, el jefe quiere conocerte para que nos hagas un trabajo.

—¿Cuál? Yo no soy ladrón.

—No lo sé. ¡Duérmete!

Al día siguiente, un chorro de agua sobre mi rostro, emanado de una jarra, me despertó y un hombre encapuchado preguntó:

—Así que tú eres el Mercader de Dios.

—¿Me conoce?

—Claro, los rumores corren, hijo, y te estás volviendo famoso. ¡Suéltenlo! —gritó, y uno de ellos me quitó las cuerdas.

—¿En dónde estoy? —pregunté.

—En Samaria.

—Señor, yo no tengo dinero; mi familia es pobre.

—Lo sé, y al final te voy a devolver tus mulas y unas cuantas monedas. Las demás se las vamos a repartir a la gente pobre. Lo único que quiero de ti es que me digas el mensaje que hay oculto en esta tela.

—Yo no lo puedo descifrar.

—Claro que sí. Basta con que pongas fuego debajo de ella y verás el mensaje.

—¿Y por qué no lo hace usted? —sugerí.

—Porque la leyenda dice que sólo el enviado de Dios lo podrá hacer, de otra forma, caerá una maldición para quien se atreva a intentarlo. Y nosotros no nos vamos a arriesgar, ¿comprendes?

—¿Y si yo no soy ese hombre que usted dice?

Simplemente te mueres; pero estoy seguro de que sí eres aquel que tanto se nombra. Las estrellas ya cuentan tu historia.

Después de orar y rezar por mis seres queridos, acepté la encomienda. Y nos quedamos aquel encapuchado y yo. Los demás forajidos corrieron atemorizados por la maldición.

Puse fuego debajo de la tela sin que se quemara, esperé unos instantes y de pronto apareció un mensaje que decía:

El conocimiento de uno mismo

Conócete a ti mismo y podrás conquistar el cosmos. Aquel que se conoce tiene la fuerza para manejar las dos fuerzas más poderosas del mundo: el Bien y el Mal.

Dos seres habitan en tu ser, uno bueno y otro malo.

El malo representa la pereza, la lujuria, la gula, el resentimiento, la abulia, el dolo, la codicia, la avaricia, el odio, la soberbia, la ignorancia y todos los males que ambulan en el mundo.

El bueno representa la presteza, la diligencia, el amor, la bondad, el deseo de superación, la humildad, la sencillez, la sabiduría, el trabajo y todos los bienes que ambulan por el mundo.

Cada día decidirás a qué fuerza rendir, a cuál has de servir. Si eliges el lado malo, la mediocridad encontrarás; sin embargo, si a la presteza te encomiendas, un mundo mágico tendrás.

En la medida en que te conozcas, más respuestas obtendrás para llegar al sendero deseado. Muchos defectos que tienes no los podrás eliminar; sin embargo, sí puedes aprender a conocer cómo evadirlos reconociéndolos, tratando de no cometer el error de llevarlos a cabo y poco a poco ir cambiándolos. De esa forma iras conociéndote.

Hay cosas que tú conoces de ti mismo y que los demás desconocen; hay cosas que tú conoces de ti mismo y que los demás conocen; hay cosas que los demás conocen de ti mismo y que tú desconoces y hay cosas que tú desconoces de ti mismo y que los demás también desconocen. Por eso es importante que escuches los comentarios de tus seres queridos.

En la medida en que vayas conociendo cada uno de estos hemisferios, te conocerás e irás puliendo tu forma de ser.

Para hacerlo, tienes el arte de la comprensión y la magia de la fe.

Aquel que se conoce a sí mismo conoce sus defectos, pero también sus virtudes. La tarea es aprender a controlar defectos y fortalecer las virtudes.

Aquel que se conoce mil batallas ganará y aquel que no se conoce mil caídas obtendrá. Aprende a ganar, no a caer.

Piensa para hacer y no hagas para pensar. No actúes antes de pensar, porque te arrepentirás de tus decisiones. Piensa, luego actúa. Como dice el filósofo: "Nunca tomes una decisión cuando estés demasiado contento o demasiado enojado, porque cuando estás demasiado contento vas a dar lo que no tienes y cuando estás demasiado enojado vas a decir lo que no sientes".

Pensar en forma diferente no da resultados diferentes; actuar diferente da resultados diferentes. No llegan a la cumbre los que sólo piensan, sino aquellos que piensan e inmediatamente actúan; es por ello que te debes de conocer.

No dejes las cosas para después, no dejes nada para mañana, conócete hoy, actúa hoy, mejora hoy, cambia tu mundo hoy y mañana actuarás de la misma forma. Recuerda, el ochenta por ciento de lo que pienses hoy lo repetirás mañana. Si hoy eres positivo seguramente mañana serás igual; pero si hoy eres negativo, mañana seguirás lamentándote de tu destino.

Cambia, ya que el cambio es la única constante en la vida, y adáptate al triunfo. Cambia tu pensamiento para que cambies tus actitudes, que forjarán tus aptitudes y construirán tu futuro.

Tres tesoros tiene el hombre: talento, tiempo y dinero.

El primero se forma con tus aptitudes, tus actitudes y tus conocimientos. Las aptitudes son tus dones, es el poder; tus actitudes son como te enfrentas a la vida, es el querer; tus conocimientos son tu preparación, el saber. Si quieres, puedes y sabes, nada te detendrá.

El tiempo es el principio y el fin de todo; si tu talento no lo formas a tiempo, de nada habrá servido. Cuida el tiempo, porque de él se compone la vida. Y si tú no cuidas el tiempo, el tiempo tampoco cuidará de ti.

El dinero se logra con una buena combinación de talento y tiempo.

En los momentos de flaqueza saca lo mejor de ti y convierte una actitud negativa deliberadamente en una actitud positiva. No permitas que los pensamientos negativos controlen tu vida, porque te arrepentirás de tus decisiones tarde o temprano.

Uno aprende a pensar de cierta manera; quien se acostumbra a criticar y a hablar mal de sus semejantes siempre será criticado y los demás hablarán mal de él; quien se acostumbra a pensar positivamente, de la misma forma los demás se expresarán de él.

La vida es como un búmeran: lo que tú le avientas ésta te lo regresa. La vida es como un espejo: cada quien ve la imagen de sí mismo que quiere ver.

Y tú, ¿cómo te ves?

El hombre de excelencia no conoce las palabras *no puedo;* en todo momento intenta, aunque no logre sus propósitos, pero nunca se deja sucumbir. Persevera hasta alcanzar sus objetivos y lo logra. No importa cuántas veces lo tenga que intentar: dos mil, cinco mil... luchará hasta lograr lo que tanto ha querido.

Si lo critican, no importa; seguirá intentando hasta lograr sus objetivos. Las amonestaciones no son más que comentarios de alguien que te está observando y eso quiere decir que vas bien.

Sus caídas las venderá muy caras, pero siempre adquirirá una experiencia que lo hará cada vez más fuerte.

Sabe que cuenta con una serie de virtudes que Dios le otorgó y las maneja adecuadamente.

Nada te llega con el solo hecho de desearlo, hay que trabajar para alcanzar los sueños. Pero todo llega, tarde o temprano, cuando perseveras y actúas.

Ponte a reflexionar: ¿cuáles son tus virtudes?, ¿qué dones has de fortalecer?, ¿qué vicios o malas actitudes habrás de cambiar?

Algunos tienen facilidad para hablar, otros para dibujar, otros para escribir, otros para armar, otros para componer, otros para acariciar al pequeño bebé que llevan entre sus manos, pero todos cuentan con alguna virtud. No la desaproveches, es un regalo de los cielos; quien no maneja sus dones sabiamente ofende a Dios.

El hombre debe estar acostumbrado a caer y levantarse cada vez que se requiera para alcanzar las estrellas. Así tú, como Lázaro, levántate y anda en busca de tu destino. Y vence en todas las batallas, ya que te conoces a ti mismo.

Recuerda que las primeras batallas que debes ganar son las privadas, que te ayudarán a encontrarte a ti mismo, para después ganar las batallas públicas, que te permitirán sobresalir, mostrándole al universo tu valía.

Si no eliges el Bien en tu interior, vas a sucumbir; si optas por el Bien, el éxito conocerás.

Ahora sigue tu destino y encuentra el triunfo que tanto has anhelado.

Instantes después, el mensaje desapareció junto con el encapuchado y sus secuaces. Se fue y me dejó la tela; también una nota que me advertía que podía salir del lugar, pero jamás debía revelar lo sucedido; que para él aquellas frases eran muy valiosas y que se llevaba una gran lección, pues ahora comprendía cómo muchos de sus defectos lo habían llevado al fracaso; como jamás hizo una introspección de sus hábitos, sólo se había forjado un mal camino. Pero que no era tarde, ahora podía reflexionar y encontrar el sendero adecuado.

Cuando salí de la guarida, estaban preparadas las mulas con todas mis monedas, no habían tomado una sola.

Poco después me enteré de que aquel señor era un buen hombre que ayudaba a los oprimidos quitándole sus pertenencias a los ricos.

Mientras cenaba, un niño cojo se acercó a mí, tiritando de frío y hambriento; lo cobijé con mi manta, lo invité a mi mesa y le di unas cuantas monedas. El chiquillo estaba feliz.

—¿Sabe, señor?, si hubiera muchos hombres que tuvieran el corazón de usted, habría tanta felicidad en la Tierra.

Después de que se fue, visité el pueblo pensando en aquel pequeño que me recordó mi infancia.

Había mucha miseria en ese lugar. Decidí regalar a los pobres casi todas mis monedas. La gente estaba encantada y dichosa porque alguien se compadecía de ella. Pobres, ojalá hubiera podido darles más, pero ya no tenía.

Después regresé a mi habitación y levanté una oración.

—Gracias, Dios, porque he comprendido que tengo defectos y virtudes, y debo trabajar sobre ellos para alcanzar todos mis propósitos; porque sé que puedo salir adelante y que me diste lo suficiente para alcanzar mis sueños; porque tengo salud y una familia que me ama; porque algún día tendré entre mis brazos un bebé que atrape con sus manitas mi corazón; porque te tengo a ti.

"Ahora puedo explorar un poco más sobre mí y ganar aquellas batallas interiores que necesito para poder lograr las Victorias públicas; ahora tengo la fe necesaria para lograr mis propósitos; ahora tengo la sabiduría para comprender a mis semejantes..."

Esa noche, las tres estrellas que aparecieron en el firmamento cuando conocí a mis amigos, brillaron más que nunca, como recordándome que había aprendido un poco más sobre mí mismo.

Encuentra tu camino y cumple con tu destino

Estuve tres días en Samaria, conociendo a su gente y sus bellas tradiciones, recordando a los tres amigos que no volví a ver y el mensaje del conocimiento de uno mismo que me dejó impactado.

Ahora era momento de partir a mi siguiente destino: Salim, una ciudad misteriosa. Muchos dudaban de su existencia.

Días después de mi partida, la desesperación me hizo su presa. Casi nadie sabía del lugar y los pocos que aseguraban conocerlo me mandaban hacia diferentes rumbos.

En una ocasión escuché una conversación un tanto rara. Una jovencita le preguntaba a un viejo:

—¿A dónde me tengo que dirigir, señor?

—¿A dónde quieres dirigirte, hija?

—No lo sé.

—Entonces cualquier lado es bueno para ti —y la joven continuó su camino.

Me acerqué al viejo y le pregunté:

—Buen hombre, ¿conoce dónde está la ciudad de Salim?

—¿Y como para qué la quieres encontrar?

—Voy en busca de mi destino.

—¿Y cuál es tu destino?

—Voy a ser el Mercader de Dios, aquel que el Señor eligió para pregonar los siete grandes principios del éxito.

—Así que tú vas a ser el Mercader de Dios. Las estrellas ya cuentan tu historia, ¿lo sabes?

—No, señor, pero lo que sí sé es que debo continuar y llegar a mi destino.

—Desafortunadamente desconozco la ubicación exacta, sólo sé que debes seguir tu camino hacia aquella montaña, la que tiene las nubes encima. Pero ten cuidado, porque cuentan que un gigante habita ahí y que sólo existe una ruta para entrar. Él te va a hacer una pregunta y si no la contestas, te golpeará con su mazo hasta quitarte la vida. Si la respondes con acierto, podrás pasar sin ningún contratiempo y el gigante desaparecerá por siempre, trayendo la felicidad al pueblo que no deja salir.

—Quiero hacerle otra pregunta, señor.

—Anda, pregunta, hijo.

—¿Por qué le contestó así a aquella niña?

—Porque tristemente la mayoría de la gente no sabe hacia dónde va, no tienen bien definido qué es lo que quiere ni cuál es su destino; van por donde los lleva la vida y terminan como escuchaste, en cualquier lado.

"Dicen que desean dedicarse a las ventas, pero no saben por qué, o quieren practicar éste u otro oficio sin tener las cualidades. Recuerda, siempre tienes que saber hacia dónde te diriges y cómo le vas a hacer para lograr tu propósito.

"Cuando un barco zarpa, sabe hacia dónde se dirige, en qué tiempo llegará y qué es lo que busca al llegar a puerto. ¿Tú te subirías a un barco que no sabe su rumbo?"

—¡Claro que no!

—Todos los seres necesitamos saber nuestro destino y lo que vamos a lograr en la vida; es más, debemos tener claro lo que hay que lograr todos los días. Si hoy no conoces lo que quieres, lo más probable es que mañana tampoco.

—¡Cuánta razón tiene!

—Gracias, hijo; encuentra tu camino y cumple con tu destino. Recuerda esta frase, porque puede salvarte la vida.

En ese momento creí que el viejo estaba exagerando, pero algo me dijo que no olvidara su consejo: "¡Encuentra tu camino y cumple con tu destino!"

Después de despedirme, partí hacia aquella extraña montaña cubierta en su extremo más alto por una nube gris. Las mulas empezaron a relinchar antes de llegar, presentían algo extraño, como si algo raro nos fuera a suceder.

"¡No pase!", decía un letrero.

"¡Prohibido pasar!", señalaba otro.

"¡Si aprecia su vida vaya por otro camino!", advertía un tercero.

El miedo comenzaba a invadirme, pero sabía que tenía que continuar, no era momento de flaquear.

¿Con qué extraña figura me iba a encontrar? ¿Cómo sabría yo si mi respuesta sería la correcta? me preguntaba una y otra vez. Pero no tenía otra opción, debía seguir.

Diversos cuestionamientos inundaban mí mente, algunos los podía contestar fácilmente, pero otros no.

Llegué hasta la cúspide de la montaña y encontré un camino muy angosto; bajé de la mula que me transportaba y de reojo observé la gran distancia a la que nos encontrábamos. Sentía cómo el mundo estaba a mis pies, pero también un enorme respeto y temor por las alturas.

Desde ahí divisé una ruta que daba al otro lado de la montaña; rápidamente corrí hacia ella y tropecé con algo muy grande; caí al suelo, sentado.

—¿A dónde vas? —se escuchó una voz estruendosa.

Antes de contestar, me quedé pasmado mirando una inmensa pierna que desbocaba al cuerpo del gigante. Tuve que inclinar mi rostro hacia atrás para poder verlo; estaba asombrado ante la gran mole. No lo podía creer. ¡Los gigantes no debían existir en estos tiempos!, pensé incrédulo.

—¿A dónde vas? —volvió a preguntar, mientras la tierra retumbaba.

—A Salim —dije tartamudeando, nervioso—; a encontrar mi destino.

Y soltó una tremenda carcajada que cimbró todo a mi alrededor.

—¿Acaso no sabes lo que te puede pasar si no contestas mi pregunta?

—Sí.

—Eres muy valiente. ¿Y aun así estás dispuesto a pasar?

—Por supuesto. No tengo ninguna duda.

El gigante tomó un mazo enorme, lo tomó entre sus manos como para asestar un golpe y preguntó:

—¿Qué es, que va por todos lados sin ton ni son, pero que si lo domas encontrarás tu misión?

Las manos me empezaron a sudar; realmente no sabía la respuesta, lo nervios hacían presa de mí y mi mente no daba ninguna señal.

El gigante estaba a punto de darme el primer golpe; yo puse un brazo cubriendo mi rostro y otro mi cabeza. Estaba a punto de golpearme, cuando contesté:

—¡El camino! Mi camino por la vida.

—¿Qué dijiste? —replicó.

—Ésa es la respuesta —dije seguro—. Encuentra tu camino y cumple con tu destino. Todos tenemos un don que significa dádiva; es un regalo de Dios y tenemos que encontrarlo para cumplir con nuestro destino.

—Nunca nadie había resuelto bien una de mis adivinanzas; debes ser un protegido de Dios para poseer la sabiduría que te permitió responder. Puedes pasar.

Al cruzar por ese sitio quedé maravillado, no lo podía creer. Gracias a aquel viejo salvé mi vida y pude llegar a Salim, donde fui recibido con fanfarrias; la gente murmuraba.

—¡Es el Mercader de Dios!, ¡es el Mercader de Dios! —gritaban los niños, emocionados.

La reina de la ciudad me recibió.

—Así que tú eres el Mercader de Dios.

—Eso dicen.

—¿Sabías que las estrellas ya hablan de ti?

—Eso señalan.

—Bienvenido, hijo mío —expresó, y me dio un gran abrazo—. Tú eras el único que podía cruzar por las puertas del gigante; ahora, gracias a ti, todo mundo podrá hacerlo, pues él ya se ha ido.

"Toma esta llave, te permitirá abrir la entrada de los jardines secretos. Una vez abierta, llegarás al Árbol de la Sabiduría, en cuyo tronco está inscrito un pensamiento que, tras leerlo, te colmará de conocimiento."

Rápidamente me dirigí hacia esos jardines y caminé por ellos durante un buen rato, admirando su belleza, hasta que llegué al referido árbol.

Ahí estaba, sereno, como esperando mi arribo después de muchos años. Era enorme y majestuoso; sus ramas parecían tocar el cielo. Un sinfín de nidos lo alegraban con el canto de sus huéspedes emplumados. Cuando me posé frente a él, descubrí en el centro de su tronco un mensaje inscrito que decía:

Encuentra tu camino y cumple con tu destino

De nada sirve correr si vas por el camino equivocado.

Quien no sabe su camino, cualquier lado podría ser su destino. Si no sabes hacia dónde vas, hacia donde quiera que te dirijas estarás errado y llegarás a cualquier lado.

Nunca camines sin ton ni son; dale a tus pasos un sentido. El día que conozcas hacia dónde te diriges, el sendero directo al éxito encontrarás.

La recta es el camino más corto entre dos puntos y el saber a dónde te diriges es la ruta más estrecha al éxito.

Dios te ha otorgado dones que están compuestos por tus habilidades, cualidades y bendiciones; ahora tienes la obligación de desarrollarlos a través de actitudes positivas que te ayudarán a conocer en dónde estás, hacia dónde ir y cómo llegar a tu destino.

El que sabe hacia dónde se dirige, cualquier viento va a favorecer su camino.

Y si no te has encontrado, busca en lo más profundo de tu ser y realiza una introspección que te permita analizar aquello para lo que naciste, hacia dónde tienes que dirigirte. No te preocupes, forzosamente lo encontrarás. Y si no aparece hoy, brotará mañana, como aquel botón que llega a ser una hermosa flor, que impregnará con su esencia el ambiente en el cual se desarrollará su porvenir.

Encuéntrate a ti mismo para que sepas lo que tienes que hacer para culminar tus objetivos; no permitas que la sombra de la ignorancia nuble tu esencia ni el sopor de la complacencia te permita caer en el conformismo.

No dejes para mañana lo que puedas hacer hoy; no permitas que la mediocridad se apodere de tu ser, ni que el día de mañana te arrepientas de aquello que pudiste hacer pero que no hiciste. Siempre será mejor intentar y fallar, que no probar y quedarte con la incertidumbre de lo que pudiste lograr y no conseguiste porque enfrentaste al fantasma del miedo. Ése que ha hecho de grandes hombres de la historia unos verdaderos fracasados, porque tuvieron miedo a la crítica, a la vergüenza, al *si puedo*, a fallar.

Todos los grandes personajes del pasado —y los que vendrán seguramente lo experimentarán— han sentido miedo, pero lo que los distingue de la gente común ha sido su atrevimiento a sortear las críticas e incluso las humillaciones; las mentes pequeñas se acoplan al medio para evitar ser molestadas.

Al final, aquéllos rompen paradigmas y logran hacer posible lo que para otros era imposible y cambian la imagen que tenían de sí mismos. Después serán admirados, porque se atrevieron a seguir su camino y a enfrentar sus miedos.

En todo momento estarás tentado a abandonar tu misión, a desviarte de tu camino, pero si sabes bien hacia dónde te diriges, ninguna tormenta será tan grande como para evitarlo.

Las mentes grandes eligen su camino y si la maleza no los deja ver, a base de esfuerzo allanan los senderos más espinosos, ya que están seguros de que es en la adversidad y no en la prosperidad donde se curte el hombre de éxito. En época de bonanza, casi cualquier marinero es un buen navegante.

Las mentes pequeñas se adaptan a lo que les tocó vivir; no saben elegir su camino. La nave de la existencia los lleva por donde se les antoja. Hoy pueden estar en un lado y mañana en otro, se adaptan a las circunstancias.

La mente grande es proactiva, hace su camino y en el andar lo perfecciona. La pequeña es reactiva, espera a que los demás le fijen la ruta de su andar.

Si al huevo de un aguilucho lo pones en un corral de gallinas, lo más seguro es que crecerá creyéndose gallina. Pero si un día descubre su esencia, buscará volar a lo más alto de la montaña.

Tú decides: vivir en el corral o buscar la cima.

Eres grande y naciste para culminar tus metas; de nada sirve que te haya regalado tantas cualidades si son mal aprovechadas. Ve y demuéstrale al mundo que puedes y que nada ni nadie impedirá que cumplas tu destino, pues sabes perfectamente que eres capaz y que es hora de demostrarlo.

Busca la magnificencia, pero sé humilde al hallar tus cualidades y más aún para ayudar a tus semejantes.

Tus dones no son tuyos, te los otorgué para ayudar. Nadie puede tener todas las cualidades, a cada ser le otorgué una o unas diferentes, para que se complementen unos a otros; a cada ángel le otorgué una sola ala, para que sólo pudiera volar acompañado de otro, en equipo, y no cada uno por separado.

Cuando una pareja se complementa, automáticamente podrá volar y alcanzar las estrellas.

Una vez que halles tu camino intrínseco, sabrás lo que tienes que hacer para que tus esfuerzos lleguen a las personas que te necesitan y les puedas brindar el mejor de los servicios.

Así que encuentra tu equipo de trabajo, encuentra a tu pareja y vuelen, vuelen hacia la felicidad, pero juntos; créeme: nadie es feliz solo.

Tú liderarás el cosmos si sabes hacia dónde te diriges. El segundo paso se logra después del primero.

Es hora de seguir el camino que te guiará al descubrimiento de tu ser, a alcanzar un sitio en el podio de los triunfadores, que marcará tu paso en la historia, el destino de los ganadores.

Con estas palabras entendí por qué las personas sobresalientes se distinguen de las demás; saben realmente hacia dónde se dirigen y qué quieren en realidad. No pierden tiempo ni ponen de pretexto al destino o a Dios para justificar por qué no lograron el éxito en la vida.

Se atreven a luchar contra los imponderables, y por más trabas que se les presenten, ellos saben invariablemente lo que tienen qué hacer para alcanzar su meta, para llegar a la persona con la cual van a lograr sus propósitos.

Han cambiado paradigmas y han eliminado de su mente los *porqués* ("no hice esto porque se me presentó aquello"; "no logré el éxito porque no culminé mis estudios"...); los han sustituido por el *sí* ("sí puedo"; "si lo hago así, lo lograré"...); no piensan en justificaciones; todo tiene una alternativa: "Si en lugar de justificarme hubiera visto otros caminos, mi vida habría cambiado" .

Ahora sé en forma clara hacia dónde voy.

Días después de contemplar la hermosa arquitectura de la ciudad de Salim, conocer la hospitalidad de su gente, la belleza de la naturaleza que la rodea, la majestuosidad de sus montañas y el colorido de sus aves, me despedí.

En cada ciudad que visitaba dejaba un trozo de mi corazón, pero se acrecentaban mis conocimientos; sin embargo, tenía que seguir la ruta de mi destino y éste tenía que ser lo más rápido posible. Mi hermana, mi madre, Sara y la abuela, me esperaban.

La visión

Todo se crea dos veces

La magia de la fe, el arte de la comprensión, el conocimiento de uno mismo y mi camino, conceptos que me ayudan a crecer y a entender mejor a mis semejantes; ahora tengo que ir a la ciudad de Cesarea. ¿Cuál será el quinto gran secreto? ¿Qué gente nueva conoceré? Nunca imaginé vivir esta aventura que ya cambió mi existencia.

En mi camino a Cesarea me encontré a un hombre jorobado, con una gran verruga en su nariz y su pierna izquierda de palo. Su vestimenta estaba roída, apestosa y sucia. Se notaba que tenía meses sin bañarse; me pidió una subvención y se la otorgué.

Le pedí que me siguiera, que cambiara su forma de vivir y despectivamente me contestó que *no*, que él así era feliz, no aspiraba a nada, únicamente a lo que le diera el destino; con eso se conformaba. La naturaleza no había sido complaciente con él y él no sería complaciente con la naturaleza.

Traté de convencerlo, pero su respuesta fue la misma.

—¿A qué vas tú?

—A cumplir mi destino —contesté—; soy el Mercader de Dios.

—¿Mercader de Dios? ¡No sueñes! Nosotros no podemos ilusionarnos con nada, no nacimos en cuna de oro; los únicos que pueden hacerlo son los ricos, aquellos que tienen todo.

Le dije que estaba equivocado, que todos poseíamos cualidades para lograr lo que nos proponíamos en la vida si así lo queríamos.

—Estás loco —refutó——. Tú eres un idealista, testarudo, y de ésos están llenos los infiernos.

—Estás equivocado —insistí, e intempestivamente interrumpió mis palabras.

—No pierdas tu tiempo, regresa con tu familia; ellos te necesitan. No les quites lo poco que les puedas dar. No te hagas ilusiones, naciste para fracasar. Dios así lo quiere y así lo quiso; resígnate, estamos en un valle de lágrimas, la mediocridad y el conformismo es el pan nuestro de cada día. Realmente la vida no quiere que triunfes, acóplate a tu destino, no lo puedes cambiar porque es ir en contra de tu dios.

"Tu camino está escrito y no precisamente con letras de oro, sino con resentimiento, desamor y rencor; cuando entiendas esto, por fin te resignarás a tu destino, porque conocerás tu esencia y no habrá razones para salir avante; así es la vida y así será."

—¡Pobre hombre! —pensé mientras él hablaba y hablaba mal de sus semejantes y del porvenir.

Más que su inconveniente físico exterior, tiene un grave problema interior. No tiene sueños, no tiene aspiraciones, no sabe lo que quiere ni a dónde va, y vive de justificaciones.

Decidí marcharme y ya no escucharlo más, continuar con mi viaje; no podía permitir que nada ni nadie me apartara de mi camino.

Acampé en un pequeño lago cerca de Cesarea; ahí encontré a una mujer adolescente, muy delgada, con unos enormes y bellos ojos cafés. Estaba acostada observando las caprichosas formas de las nubes del cielo azul, con las manos sobre la nuca. Volteó a mirarme con una sonrisa en su rostro.

—¡Hola, forastero! ¿De dónde vienes?

—De Belén.

—Yo siempre he querido conocer ese lugar, dicen que es muy bello.

—Como su gente —completé.

—No lo dudo.

—A propósito, ¿cómo te llamas y qué haces? —le pregunté.

—Tabita es mi nombre y estoy soñando; vislumbro mi porvenir.

—¿Soñando?

—Sí, soñando. La gente no lo sabe, pero algún día voy a ser la persona más rica de la ciudad; mis ovejas serán un delicioso manjar, su piel un gran cobijo y aquí en este lugar estableceré una taberna que atenderá a todos los comensales.

"Tomo recetas de la gente que viene de otros lugares, por lo que mi empresa no puede fallar. Manjares que las personas no han probado, serán algo diferente por estos territorios.

"Estoy segura de que lo lograré, yo nací para esto; alguien me lo dice, me lo dice mi interior.

"Ahora me veo triunfadora, el éxito me sonríe y la realización será parte de mi existir. Mi abuelo, que era un sabio, me decía: 'Todo se crea dos veces: primero a través de tu visión, de tus sueños, y después en los hechos, trabajando".

Me quedé impactado con las palabras de la pequeña muchacha, eran exactamente contrarias a las del pobre hombre que me encontré en el camino y ella era mucho más joven.

Cómo dos personas podían pensar totalmente diferente en la vida. Seguramente los resultados serían de la misma forma.

—¿Y dónde vives?

—Cerca de aquí; vivo con mi familia.

—¿En dónde? —pregunté.

—En Cesarea.

—¡Al fin! —exclamé con júbilo—. Estoy muy cerca.

—¿Qué dijiste? —expresó extrañada.

—Nada. Es que voy precisamente a Cesarea.

—¿A qué vas a Cesarea?

—En busca de mi destino. Voy a ser el Mercader de Dios.

—¡El Mercader de Dios! —repitió, nerviosa y pasmada—. ¿Sabías que las estrellas ya cuentan tu historia, y es maravillosa?

—¿Quién te lo dijo?

No respondió y vivazmente se echó a correr.

Posteriormente, me dispuse a descansar un largo rato en el pequeño pastizal, aunque no dejaba de pensar en las experiencias que acababa de vivir. Involuntariamente me quedé dormido y cuando desperté, un hombre de barba blanca, parecido a la niña, me miraba detenidamente, sentado en una piedra, con su mano izquierda en la barbilla.

—Así que tú eres el Mercader de Dios, aquel del que las estrellas cuentan su historia.

—Sí señor, ¿cómo lo supo? ¿Quién es usted?

—Eliel, padre de Tabita. Hace muchos años, mi padre le dio de beber a un hombre llamado Jesús, quien pasó por aquí, sediento. Le comentó que algún día iba a pasar otro hombre al que le nombrarían el Mercader de Dios, y que así como él le había dado de beber, como bendición por su caridad, el Mercader de Dios les daría de beber el conocimiento.

"Cuando aquel gran hombre se fue, nació este pequeño lago que por muchos años ha proveído de agua, comida y felicidad a muchas familias del poblado. Dios, a través de su generosidad, y como premio a mi padre, nos dio un gran legado que nos ha permitido crecer.

"Honestamente yo no creía la historia que mi papá contaba una y otra vez; hasta llegué a creer que se había vuelto loco. Pobre viejo, lo juzgué muy mal, cuando siempre habló con la verdad.

"¡Nunca juzgues a tus padres, muchacho; escucha las palabras de este señor arrepentido!

"Antes de morir, mi padre me recordó que cuando llegaras, te condujera a la fuente de vida del arroyo y que ahí encontrarías tu respuesta. Me dijo que no te olvidaras de su pueblo y que lo bendijeras con tu sabiduría."

Y así fue como me llevó a la fuente de la vida en su barca, sobre ese lago, que impactaba por el azul turquesa de sus aguas; sus peces multicolores resaltaban por su belleza y por su colorido. En medio se veía un pequeño remolino que, curiosamente, como si tuviera vida, emitía algunas palabras y entablaba una conversación.

—¡Hola! —expresó—. ¡Tú debes ser el Mercader de Dios! Aquel de quien las estrellas hablan cosas maravillosas.

—Cierto —contesté.

—Tengo un mensaje para ti.

—A eso he venido.

—Lo sé; no pierdas atención. Bienvenido a:

La visión

Todo se crea dos veces

Todo se crea dos veces: primero a través de tu imaginación, de tus sueños, de tus ideales; después a través de tu perseverancia y de tu trabajo.

La visión determina el camino que vas a seguir en la vida y cómo te vas a proyectar dentro de él.

Si tu camino lo ves turbio, seguramente problemas en tu vida encontrarás; empero si tu sendero es próspero y amplio, un cúmulo de sorpresas y buenas noticias recibirás. Si crees que no puedes o crees que puedes, cualquiera que sea tu decisión, esa respuesta obtendrás.

Alguna vez a un gran escultor le dijeron: "¡Qué grande eres, maestro! ¿Cómo puedes hacer trabajos tan prodigiosos?" Él respondió: "Yo no tengo nada de formidable, yo sólo vi una piedra y le quité lo que le sobraba".

Se atrevió a ver lo que para otros estaba nebuloso, lo que el ciego no ve. Para un artista, una piedra es arte; para el hombre común es sólo eso, una piedra.

Atrévete a ver tu camino de una manera diferente, optimista; observa lo que quieres ser y a qué aspiras; escucha tu destino y siente tu porvenir; trabaja incesantemente hasta alcanzar tus objetivos. Quien no se ve triunfador jamás alcanzará el premio. Quien no es optimista en sus aspiraciones, el pesimismo se apoderará de él.

El mundo pertenece a aquellos que se ven diferentes; gira a través de ellos, ya que están dispuestos a cambiar el orden de las cosas y a aceptar los sacrificios que se les impongan, a costa de lograr sus sueños, pues ellos son el principio de todo.

¿Cuál será la familia o la nación más poderosa? ¿Aquella que enseñe a sus descendientes a creer en sí mismos, que no les establezca limitaciones y que los eduque para alcanzar las estrellas; que se base en valores de orden superior y logre conformar una identidad positiva entre sus semejantes? ¿O aquella que le da todo a sus pequeños y los enseñan a ser conformistas, a no tener aspiraciones y brinda una sobreprotección que ahoga, que no deja ser ni crecer?

Recuerda la parábola del cangrejo:

> Una vez se metieron cangrejos negativos y cangrejos positivos en una cubeta. El pescador observó la reacción de ambos. Cuando vio la cubeta de cangrejos positivos, se dio cuenta de que unos a otros se ayudaban a escalar por encima de ellos mismos, hasta salir del recipiente. El penúltimo dio las tenazas al último para ayudarlo a salir.
>
> En cambio, los cangrejos negativos, cuando uno estaba a punto de salir pisoteando a los demás, los otros le jalaban las patas para que volviera a caer.

La gente que es positiva y triunfadora seguramente caerá muchísimas veces, pero esos tropiezos los utiliza para tomar impulso y continuar con su objetivo; ha aprendido que si no es de una forma, lo será de otra e intentará por otro camino.

Cuando tienes una visión, automáticamente encontrarás el *cómo* para vivir. Las visiones te hacen soñar, hacen la vida placentera y te dan motivos e ilusiones para seguir vivo y crecer, pues todos los días tienes una razón para demostrarle al mundo tu valía. La visión es el manjar de los triunfadores, el objetivo a alcanzar, la meta de tu vida. Las visiones te llenan, te fortalecen, te encauzan.

Si no has visto a dónde quieres llegar, a ningún lado llegarás. Las personas que no tienen visiones no se realizan, no tienen metas, no tienen objetivos, critican a sus semejantes, todo lo envidian, todo lo codician, su vida es aburrida y sin motivación. La falta de visión nubla el panorama de su existencia. Y como en la neblina, caminas sin ver y en cualquier momento puedes caer a un precipicio sin final.

Establece tu visión, forja tu porvenir y apuntala tu destino.

Observa a tu familia triunfadora; siente tu hogar próspero; escucha tu ambiente alegre; percibe a tus semejantes saludables. Y el ambiente que desees tener y todo lo que veas y anheles es exactamente lo que tendrás.

Si la mañana está nublada, no digas: "¡Qué feo día!", piensa que es un buen momento para estrenar el ropaje que nunca has estrenado, para estrellar tus sandalias en los charcos o mojarte bajo la lluvia, o simplemente para quedarte en casa mientras ves llover. No es la lluvia, sino cómo la veas.

No es el clima el que determina tu estado de ánimo. Eres tú el que decidiste verlo de determinada forma. No es el vecino el que te hizo enojar; eres tú quien permitió enojarse al no establecer una línea de respeto y camaradería entre ambos.

No son tus niños quienes te exasperan; eres tú quien se ha permitido poco carácter para comprender que son niños y que ésa es su esencia (un niño no puede comportarse como un adulto ni un adulto como un niño; cada etapa tiene su momento).

Al final, eres tú quien se ha permitido ser conformista, iracundo, perezoso, apartado y frío. De esta manera eres lo que piensas de ti mismo, eres en razón de cómo te ves.

Cuántos vendedores no cierran su mente al ver en sus clientes enojo o impaciencia y no realizan una venta por el temor a lo incierto. No se vieron triunfadores y, por tanto, jamás cerrarán una negociación.

Ahora es el momento de enseñar a todos tus seres queridos y al universo que todos poseemos la grandeza de la visión, que este valioso don nos fue otorgado sin distinción de sexo, raza, edad o posición económica. Dios nos quiere a todos por igual y desea que seamos triunfadores, felices y optimistas en nuestros sueños.

Por más grandes que sean tus ilusiones o tus ideales, por más grandes que sean tus metas y tus realizaciones, si crees que puedes y te aferras a tus sueños, lo lograrás.

Dime cómo te ves y te diré lo que te depara el destino.

Luego, el pequeño remolino se despidió de mí.

—¡Hasta la vista, amigo! ¡Hasta la vista, Mercader de Dios!

Y después de casi un siglo de vida, desapareció como si hubiera cumplido su misión. En ese instante recordé a mi hermana y cómo, gracias a mi imprudencia, le amargué la vida durante muchos años. Recordé a mi madre lavando la ropa y comencé a llorar; bendije a mi padre por todo lo que nos dio.

—Gracias, Dios —dije—, porque yo creía que veía, pero no era cierto; estaba ciego y hasta el día de hoy me diste la oportunidad de ver.

Eliel, testigo de este acontecimiento, asombrado, también daba gracias a Dios y pedía el perdón de su padre. Me acerqué a él y lo abracé.

—Tu padre ya te ha perdonado —lo consolé—; no te aflijas, ahora está con Dios.

Se secó sus lágrimas y volvimos a llorar, uno en el hombro del otro, como dos niños.

Cuando salimos del arroyo, nos esperaba Tabita, quien abrazó a su padre y después a mí, y preguntó:

—¿Qué les dijo la fuente de vida?

—Que vas a ser la mejor comerciante de tu comunidad y que todos tus sueños se van a lograr si sigues pensando así —le dije sonriente.

—¡Voy a ser la mejor!, ¡voy a ser la mejor! —comenzó a gritar feliz, mientras brincaba.

Eliel y Tabita fueron muy hospitalarios; estuve contento compartiendo la alegría de su familia y ellos me acogieron como alguien más de los suyos. Pero era hora de partir.

Antes de hacerlo, Tabita se acercó a mí y llorando expresó:

—De uno de mis borregos, el más hermoso, te hice una cobija. Ésta te protegerá del frío que es muy crudo por estos lugares. Cúbrete bien, no queremos que te pase nada.

Y efectivamente, el invierno se acercaba y yo tenía que partir, llevaba mucho tiempo lejos de las personas que amaba.

Cobija a tus semejantes y ellos te abrigarán a ti

Mi siguiente destino era Nain, donde el invierno pegaba fuerte, congelaba los huesos y hacía el camino más pesado, no sólo por la crudeza del clima, sino por la distancia que separaba este lugar de Cesarea. Sin embargo, cada vez estaba más seguro de mi destino y tenía que saber qué deparaba éste para mí.

Pasaron días que parecían interminables; no obstante, estaba a punto de llegar. Justamente dos noches antes de alcanzar mi destino, dos perros negros empezaron a ladrarme con la intención de atacar. Me bajé de la mula para asustarlos con unas piedras, pero éstos continuaban su embestida cada vez más furiosos y con espuma en sus hocicos. Mis mulas corrieron despavoridas y se llevaron mis pertenencias, excepto la cobija de borrego que me regaló Tabita y con la cual me estaba cubriendo.

Uno de los irascibles caninos se lanzó contra mí y me mordió una pierna. Como pude, me lo quité de encima y corrí velozmente hasta un árbol que se encontraba cerca y me subí a él. Pero brincaban de tal forma que pronto me alcanzarían. Decidido, tomé una vara fuerte que le incrusté en el lomo a uno de ellos y quedó tirado.

El otro, con más bravura, de un brinco me quitó la cobija y estaba dispuesto a asesinarme. Me armé de valor, tomé otra vara y enfrenté al furioso animal, el cual se lanzó hacia mi cuello para asestar la mordida fatal; sin embargo, antes de que lo consiguiera, pude soltarle un golpe en el ojo y eso lo ahuyentó y corrió asustado.

Recuperé mi franela, me cobijé y seguí caminando. Cansado, sin comer ni beber, y sin mis posesiones, deambulé por horas. A lo lejos pude ver un establo, pero mi cuerpo ya no daba más por la lucha contra los perros; por tanto, agotamiento me desvanecí.

Cuando abrí los ojos, me encontraba acostado sobre una tabla cubierto con mi cobija. Observé a una pareja de ancianos que me miraba de manera curiosa.

—Ya despertó —susurró uno de ellos.

—Hola, ¿quiénes son ustedes?

—Yo soy Simón y ella es Elisabet, mi amada esposa. Te desmayaste cerca de nuestro hogar y, como pudimos, te trajimos; llevas dos días con altas temperaturas y hasta delirabas. Creímos que no ibas a salir de ésta.

—Gracias, que Dios los bendiga. Tengo sed —y en un pocillo roto me llevaron un poco de agua—. Tengo hambre.

—Rápido, vieja —dijo el anciano—; trae la comida.

—Pero nosotros tampoco tenemos nada para comer y lo poco con lo que contamos no lo podemos compartir —respondió la afligida mujer.

—Tráelo por favor, viejita, Dios proveerá.

Y sin decir más, fue por la limitada ración de comida. Sin pensarlo un solo instante lo empecé a devorar. ¡Qué pena!

A pesar de que ellos también tenían hambre, me lo cedieron. Cómo alguien puede dar tanto por un desconocido.

Pasó un día más; me quedé dormido y ya estaba recuperado. Cuando desperté, sólo permanecía conmigo la anciana.

—¿Ya descansó, buen hombre? —me preguntó.

—Sí, gracias; después de la comida descansé profundamente.

—Qué bueno.

—¿Y su esposo?

—En la ciudad de Nain, pidiendo limosna; desde anteayer no comemos ni un bocado.

—Disculpe. Todo por mi culpa.

—No se preocupe, joven, usted lo necesitaba más. Nosotros ya vamos de salida.

Un profundo remordimiento invadió mi mente. Me paré de la cama de madera y observé el hogar de los viejitos; no había prácticamente nada. Su vida era paupérrima, y, a pesar de eso, me dieron todo lo que tenían.

En eso se abrió la puerta y el viejo, triste y melancólico, expresó:

—Vieja, perdóname. No conseguí nada para comer, la gente no tiene dinero, la situación en la ciudad es crítica; lo que me preocupa es que ya tenemos dos días sin alimento y creo que vamos a pasar la peor de nuestras navidades.

La anciana lo abrazó con ternura y contestó:

—No te preocupes, viejo, Dios proveerá. Existen buenos y malos momentos, pero Dios nunca nos abandonará. Lo bueno de esta Navidad es que nos tenemos el uno al otro.

Al ver el amor que se tenían, no pude más que enjugarme las lágrimas. Me paré de la cama y les dije:

—Ahora vengo, voy a estar con ustedes en un rato. Ellos creyeron que era la despedida y me dieron un fuerte abrazo, pero no podía ser así.

Caminé hacia Nain, la noche me cubrió y sorpresivamente encontré a una de mis mulas perdida, con todas mis pertenencias. No lo podía creer, ¡no faltaba nada!

Iba feliz a contarle a los viejos sobre el asunto y antes de entrar al pequeño establo alcancé a escuchar que el hombre afirmaba:

—Señor, gracias por haber traído a nuestras vidas al joven forastero, por darnos la oportunidad de disfrutar día a día, y aunque hoy no tenemos nada para comer, mañana, a través de tu infinita bondad, nos darás lo necesario. Gracias, Dios, por habernos permitido compartir lo poco que teníamos con quien lo necesitaba y por permitir el amor entre estos dos ancianos que no sirven para nada. Te lo agradezco, Señor —y los dos repitieron "amén".

—¿Crees que regrese el joven? —preguntó Elisabet a Simón.

—No lo sé, vieja, pero que Dios lo bendiga.

En eso abrí la puerta con un saco lleno de comida y de ropajes.

—¿Alguien está hablando de mí?

Sin ver el saco, gritaron al unísono:

—¡Hijo mío! —sus ojos estaban llenos de alegría y en su andar lento corrieron hacia mí, me abrazaron y me besaron como al hijo que estaba perdido y que había regresado después de muchos años.

—¿Saben? —les dije—, a partir de este momento ustedes son mis abuelos —y me dieron un beso como si así lo fueran.

Después vieron el saco y me preguntaron:

—¿Qué traes ahí?

—¡Sorpresa! Recuperé mis pertenencias y hoy, en Navidad, Dios nos mandó muchos regalos —saqué la comida, las cobijas y el dinero—. A partir de ahora les prometo que nada les faltará.

Ambos se inclinaron y dieron gracias al Señor.

—Gloria a Dios en las alturas y paz a los hombres de buena voluntad; palabra de Dios —expresó Simón.

Aquella noche fue inolvidable. Les conté mi historia, sabían todo de mí, pero no dejaba de extrañar a mi hermana, a mi madre, a Sara y a la abuela Abigaíl.

Ahora dos seres nuevos entrarían a mi existir. Simón y Elisabet, mis abuelos de corazón.

Al siguiente día le comenté al abuelo Simón que tenía que encontrar la respuesta que me guiaría a mi destino.

—Hijo, siéntate —me ordenó—. Te voy a contar la historia de un hombre que lo quiso todo y lo perdió.

> Hace muchos años, en Nain, un joven de Enón llegó a esta ciudad. Sus padres le habían dado todo lo que pudieron. Lo cuidaron, le dieron estudios y amor, todo lo que a ellos no les habían dado. Con el fin de protegerlo, se excedieron en sus cuidados; a veces los padres dan más de lo que necesitan los hijos y los vuelven, en la mayoría de los casos, sosos, inútiles y mantenidos.
>
> El hijo creció con la idea de que lo merecía todo, sin esforzarse por nada. Con el tiempo, ellos le donaron todas sus pertenencias y él se fue sin acordarse jamás de quiénes le habían dado la vida y lo que tenían.
>
> El joven puso un negocio que en un principio fue próspero, pero con el pasar del tiempo fue declinando hasta que

desapareció. Se llenó de deudas, los acreedores lo buscaban por todos lados.

A quienes lo encontraban, los esquivaba culpando a su padre. Un día, alguien que no lo entendió sacó una daga y con ella lo privó de la vida. Los acreedores les cobraron a sus padres y los dejaron en la miseria; así perdieron al ser por quien hubieran dado aún más, incluso la vida.

—Esos dos viejos son ustedes —afirmé.

—Así es, hijo. Sin embargo, yo cometí un error. Un día, debajo de un árbol, encontré enterrado un papiro que decía unas palabras. Se lo entregué a mi hijo para que las aplicara en su negocio, pero no entendió; él quería hacer las cosas a su modo y fracasó.

"Hasta ayer, cuando me contaste tu historia, pude entender que aquellas frases estaban reservadas para ti."

—Está equivocado, abuelo; las palabras que usted encontró están reservadas para todo aquel que quiera escucharlas y aplicarlas.

—Sin embargo, esto es tuyo —y me lo entregó.

Cobija a tus semejantes y ellos te cobijarán a ti

La cobija que le des a tus semejantes es la misma que ellos te darán a ti para resguardarte.

Todo *dame* significa un *te doy*. No puedes apedrear a las abejas y después exigirles que te doten de miel, ni puedes triturar la planta y después esperar la flor.

Cuando realices u ofrezcas un producto o servicio no debes pensar en ti, sino en aquellos hacia quienes van dirigidos tus esfuerzos, ya que al final serán ellos los que consumirán tus productos o tus servicios.

Piensa en todos los beneficios que les puedes dar a los demás a través de tu empresa y después elabora tu plan para conjuntarlos en un solo producto, en un solo servicio, en una sola empresa.

Comunica los beneficios como puedas, a quien puedas y hasta donde quieras. Y cuando la gente conozca tus virtudes se acercará velozmente a quien está pensando en ellos para hacerlos ganadores y partícipes de su nueva invención.

Todos queremos vernos beneficiados con lo que adquirimos, y si supera nuestras expectativas, seremos leales a quien se preocupa por nosotros.

Tu empresa debe girar en razón de tus semejantes y no tus semejantes en razón de tu empresa, como suelen pensar los fracasados, los egoístas y los egocéntricos.

Cuando satisfaces una necesidad, una expectativa o un deseo, el mundo volteará hacia ti, porque son pocos los que tienen el hábito de dar. Dichoso aquel que *goza* de éste, porque tendrá poca competencia.

La competencia no tiene ninguna importancia cuando realizas los que necesitan los demás. No te preocupes por la competencia, preocúpate realmente por la incompetencia.

El mayor grado de incompetencia se da cuando pierdes la humildad y la soberbia te dice que ya no tienes competencia.

Tanto los negocios como las personas deben tener su propia identidad, deben gozar de un don que los distinga de los demás. A todos mis hijos los hice parecidos pero ninguno es igual; así, el emprendedor puede tener una empresa parecida pero no igual. Así que forma una lista con todos los atributos que debe tener tu empresa o producto que no tienen las demás y lucha incansablemente para que el mundo identifique tu identidad.

Nunca te conformes con ser uno más, yo te hice excelente y excelentes deben ser tus resultados; debes de luchar siempre por ser el mejor, el mejor de tu ciudad, de tu país y del mundo. El mejor de los mejores.

Tal vez no lo logres, pero el solo esfuerzo que realices te servirá para crecer.

En la vida uno aprende a crecer o a decrecer; tú decides qué camino quieres para ti y tu empresa.

Acostúmbrate a ganar, acostúmbrate a surgir, acostúmbrate a luchar, y ya de por sí serás un ganador.

Evita justificar tus derrotas, piensa siempre en opciones para crecer. Si algo te salió mal piensa, detenidamente en qué fallaste y qué camino debes seguir para encontrar el éxito.

Piensa en los *cómos* y evita las justificaciones de los *porqués;* piensa en los resultados y evita las excusas; piensa en soluciones, no a quién echarle la culpa de tus fracasos.

No importa cuántas veces lo intentes, lo importante es hacerlo una y otra vez hasta lograr tus objetivos.

No intentes engañar con tus productos, es mejor recomendar a tus competidores que ofrecerle a tus semejantes lo que no necesitan. Cuando engañas una vez, tendrás una sola venta; cuando ayudas a crecer, tendrás gente leal a ti toda la vida. Y esa gente te recomendará y les dirá a sus semejantes que existe alguien que se preocupa y los ayuda a crecer. Y jamás te faltará trabajo o una mano que te ayude en la adversidad.

Prepárate para ser mejor, todos los días hay algo que aprender sobre tu oficio o tu profesión; no existe un límite más los que pongas en tu mente. No hay un momento para dejar de crecer, ya que dejar de crecer es empezar a morir.

A través de buenas actitudes deberás perseverar para alcanzar la cumbre. A través de tus aptitudes lucharás para demostrar tu grandeza y tus dones. A través de tus conocimientos aplicarás la diferencia en tu entorno.

Haz obsoletos lo más pronto que puedas tus productos, tu empresa o tus servicios; piensa constantemente cómo ser mejor, ya que si no lo haces, tus competidores se van a encargar de convertirte a ti en obsolescente. Analiza también qué nuevos caminos puedes emprender y qué otros usos puedes dar a tu empresa.

Cuantos más caminos más soluciones habrá y siempre encontrarás una respuesta para sobrevivir.

Prepárate para ser mejor y la vida te preparará un delicioso panorama. Prepárate para ser grande y la grandeza te esperará con los brazos abiertos.

Cambia deliberadamente todo pensamiento negativo por una actitud positiva. No permitas que la negligencia, el conformismo y la apatía se apoderen de ti, ni que el sopor de antiguos éxitos te haga caer en una vanidad excesiva.

Tú eres en razón de tu gente; vales en función de ellos y crecerás como ellos quieran que crezcas.

Ama a tu gente, ama a tu pueblo, ama al mundo y éste te responderá con todo el amor que tiene guardado.

Ahora es momento de que las personas conozcan la grandeza de tu producto o de tu servicio, de tu empresa, de ti mismo. Cobíjalos para que ellos te cobijen a ti con las mieles del éxito.

—¿Cuántas personas realmente no piensan en los demás antes de realizar u ofrecer su producto o su servicio, o establecen un negocio igual que los demás? —pregunté a Simón.

—Muchas; entre ellos, mi hijo —respondió.

—Ahora yo soy tu nieto —contesté y le di un gran abrazo.

—Eres noble.

—Tú lo eres más. Me diste lo mejor de ti sin esperar nada a cambio.

Elisabet se unió a nosotros y empezamos a cantar y a bailar; festejamos la Navidad, nuestro encuentro y el nuevo conocimiento que nos había otorgado Dios.

Y por primera vez, los tres juntos miramos las estrellas en una sola dirección. Aquellos viejos se ganaron mi respeto, mi admiración y mi amor.

Mi destino estaba a punto de escribirse y pronto estaría con mi nueva familia, mi madre y mi hermana.

El que quiera ser más poderoso en el mundo, deberá ser el mejor servidor de los demás

Tres días después abandonamos el humilde hogar de Simón y Elisabet, ellos estaban contentos de ir conmigo y unirse a mi familia.

Conseguí dos mulas más y los viejos me siguieron. Llevábamos suficiente alimento para la travesía. Nos dirigíamos a Nazaret, tierra santa, donde obtendría el séptimo de los principios y sería el puntal de mi nueva formación.

El frío era implacable, pero no cejábamos en nuestro esfuerzo. Una mañana llegamos a dos imponentes lagos; el agua se nos había acabado, así que era una magnífica oportunidad para abastecemos del vital líquido.

Estábamos inclinados, a punto de beber, cuando de repente, un señor nos gritó, imperativo:

—¡Cuidado! No beban agua de ese lago.

—¿Perdón? ¿Por qué no podemos beber de este lago? —le repliqué.

—Obsérvalo, hijo.

No tenía movimiento, no se dejaban ver peces y sus aguas se veían sucias y grises.

—Ahora mira el otro.

Por lo contrario, el segundo lago tenía un vaivén que realizaba pequeñas olas, sus aguas estaban en constante movimiento y sus peces multicolores se dejaban ver y brincaban como disfrutando ese paraíso.

—Permíteme presentarme primero, antes de explicarte. Mi nombre es Ocozías y, como podrás observar, soy ciego, pero veo a través del corazón —en ese momento se acercaron otros dos hombres—. Y ellos son Jehoram, que es sordo, y Sefatías, que es mudo —ambos asintieron.

"Tú eres Abraham Paldul, el Mercader de Dios, aquel de quien las estrellas cuentan su historia. Una historia plasmada entre la tragedia y la superación."

Me quedé pasmado y los viejos igual.

—No te asombres, joven; yo sé todo de ti y lo que vas a realizar. ¿Por qué grité que no bebieras de esas aguas? Ese lago es un egoísta, se guarda todo para sí y no quiere compartir sus riquezas y su sabiduría con los demás. La vida no fluye y todo lo que toca se muere, pues el veneno vive dentro de él. La amargura lo ha invadido por años y su resentimiento se refleja en la falta de vida.

"Se ha atascado y sus aguas apestan; no quiere abrirse. Todo se lo queda, lo conserva y nada deja ir.

"Si viajas por sus aguas, mueres y si no mueres, una extraña enfermedad acabará consumiéndote.

"El mal es su cuna. Es inmenso como puedes observar, pero dentro de su inmensidad es pequeño, ya que no sirve a nadie. Es imposible incluso trasladarse en barcas a través de él, porque los ácidos que conserva matan a los navegantes.

"Cuentan que en el fondo se encuentran las almas de aquellos que no supieron servir a los demás, que fueron egoístas y egocéntricos. Que se lo guardaron todo y se aprovecharon de los más débiles.

"Nadie ha podido cruzarlo, le llaman el Lago de los Muertos.

"En cambio, el otro es un lago que se da, que fluye, que le abre paso a la vida y que entrega lo mejor de sí. La variedad de peces hace de este lugar algo increíble, origina toda forma de vida y sostiene a esta población.

"Sus peces son deliciosos. Te regala todo sin esperar nada a cambio, comparte todo lo que tiene. La felicidad se refleja en el ir y venir de sus aguas.

"El bien es su cuna. También es inmenso y es benéfico para todo mundo. Sabe a lo que vino, es espléndido y servicial. No distingue sexo, raza, edad ni posición económica; a todos les da por igual y todos se regocijan en él.

"Sus aguas acortan el paso entre las ciudades, es una bendición de Dios. Le llaman el Lago de la Vida.

"A estos dos lagos los colocaron muy juntos para que la gente vea la diferencia entre saber servir y no. ¡A eso vienes a Nazaret!, ¿no es así?".

—Increíble —dije—; usted lo sabe todo.

—No, hijo. Tú lo vas a saber todo. Yo sólo soy un discípulo de Dios. Somos los Tres Reyes Sabios, así nos nombran. Sin embargo, en el pasado cometimos un error, y por eso yo quedé ciego, mi hermano Jehoram, sordo, y Sefatías, mudo.

—¿Qué error cometieron? —pregunté.

—Como verás, antes de llegar aquí te has encontrado a diferentes personajes que se han cruzado en tu vida y que te han incitado a que desistas de tus objetivos.

—Así es —afirmé—. Un hombre en un camello, una anciana con una mirada profunda, los ladrones, un gigante, el jorobado y los perros.

—Exacto. ¿Cuántos fueron?

—Seis.

—¿Sabías que tres veces 6 es el número de Satanás?

—No.

—Esos seres se acercaron a ti porque sabían que cumplirías tu misión y traerías el Bien a todos tus semejantes. En la vida te encontrarás a personas egoístas que no quieren nada para los demás, que quieren conservar todo para sí mismas y a las que no les gusta que tú crezcas por encima de ellas. Son la representación más clara del Mal.

—Como el Lago de los Muertos —ejemplifiqué.

—Exacto, hijo.

—Yo hice el mal a mis semejantes.

—Lo sé, pero eras un chiquillo. Ahora te has enmendado y tu hermana y tu madre están bien, aunque muy impacientes por que regreses. Sara ya les dio noticias tuyas y se presentó —me ruboricé—. Abre las puertas al amor, eso es algo normal.

"Al final, hijo, la gente mala siempre estará aconsejándote para que pierdas de vista tus objetivos y buscarán llevarte en la mayoría de los casos al camino de la mediocridad, manifestándose en estos enemigos internos: los fantasmas del pasado, el canto de las sirenas, el goce de la pereza, la nave de existir al garete y el temor al fracaso.

"Algunos lo harán por envidia, unos por codicia y otros más simplemente porque sólo ellos quieren sobresalir y no les gusta que los demás triunfen."

—Ya entiendo el porqué de estos sujetos.

—Ahora, hijo, te voy a contar por qué me quedé ciego y mis hermanos sordo y mudo, respectivamente.

"Nosotros fuimos reyes, los más importantes de nuestras comarcas; sin embargo, la vanidad impide realizarte y hace que pierdas noción de la realidad, que te olvides de tu misión.

"Yo cometí el error de querer ser Dios y quise que los demás vieran en mí a un ser todopoderoso; me servía más que servir. En un principio creía en Dios, ya después decía que Dios estaba en la naturaleza, en el campo, y dudaba realmente de su existencia.

"Al inicio, la gente me adoraba, pero dentro de esa adoración, perdí toda proporción de la realidad y la vanidad se apodero de mí. Empecé a caer en la autocracia, todo mundo tenía que hacer lo que yo quería que hiciera; no veía la realidad, ya que creía que ésta era lo que yo vislumbraba. Después, las personas que me ayudaron a crecer se fueron retirando de mi camino; eso no me importaba, porque estaba seguro de que el trayecto al éxito era labrado por mí, sin ayuda de nadie y pronto me quedé con los lambiscones que sólo te siguen para llenarte de halagos y que tú los llenes con dinero.

"La gente a mi alrededor decía que me quería, pero atrás de mí hablaba mal y me criticaba.

"Y un día me quedé ciego. Créeme hijo, a partir de ese momento empecé a ver. Ahora ya comprendía a la gente y entendí lo que era ponerme los zapatos de mis semejantes.

"Mi hermano Jehoram es sordo, porque no supo escuchar a sus súbditos; él creía que escuchaba, pero todo lo oía a través de su conveniencia. Jamás comprendió realmente a los demás ni le interesaba. Con que los demás lo escucharan era más que suficiente y si alguien se atrevía a hablar de algo que no quisiera oír, hacía caso omiso y se iba, o en el mejor de los casos observaba a la persona mientras pensaba otras cosas.

"Recuerda, todo mundo oye lo que dices, muchos escuchan lo que dices y te contestan con base en lo que dices, pero pocos escuchan con empatía. Es decir, se ponen en tu lugar, te comprenden sin estar necesariamente de acuerdo contigo. Cuando escuchas, hijo, realmente comprendes, intuyes, sientes lo que está sucediendo dentro de la cabeza y el corazón de la otra persona.

"Hay que estar abiertos a saber escuchar desde el punto de vista de tus semejantes; la mayoría de las personas quiere ser comprendida, pero nadie desea comprender. Cambia tus paradigmas y cambiarás tu mundo.

"¿Cuántos líderes se ponen furiosos si les dices la verdad? Ellos han aprendido lo que creen que es la realidad y nadie puede decirles lo que no quieren escuchar. Su egoísmo no tiene límites. Y ese egoísmo llevó a la sordera a mi hermano.

"Sefatías, por su parte, quedó mudo por hablar de más; no se controlaba y expresaba todo lo que sentía. Él decía que era sincero, por eso expresaba la verdad; sin embargo, la verdad también tiene límites al ser expresada. Cuando hieres a tus semejantes, es mejor quedarse callado que hablar de más, y no deja de ser una verdad.

"Nunca prometas lo que no puedas dar, porque tus promesas te harán mala fama; dentro de un tiempo nadie te creerá. Hasta los más grandes maestros de la retórica tienen que quedarse callados cuando deben.

"Lo dicen los sabios: 'el pez muere por su boca'. Y precisamente ése fue el castigo de Sefatías, quedarse mudo.

"Los sabios, hijo, saben cuándo es el momento en que no ven, no escuchan y no hablan.

"Los eruditos hablan de los demás; los ignorantes de sí mismos.

"Los ignorantes acaparan la atención; los doctos acaparan amigos.

"El ignorante habla; el ilustrado escucha.

"El ignorante exige; el aleccionado instruye.

"El ignorante lleva; el sabio invita.

"Al final, el ignorante y el mal líder lleva a los demás hacia sus sueños; el sabio invita a los demás para que todos realicen el propio.

"Hoy, hijo, tienes un sueño que cumplir, que llevará a la realización a los millones de seres que seguirán tus principios, los principios que han marcado las estrellas, los del Mercader de Dios, aquel de quien las estrellas cuentan su historia.

"Toma una barca para que llegues a la cueva de los sueños, en aquella dirección; deberás ir solo, y cuando llegues, encontrarás la última respuesta a tu destino."

Maravillado por las sabias palabras de Ocozías, seguí sus instrucciones y me dirigí hacia la cueva señalada.

Al arribar ahí, pude entrever una luz que me cegaba.

—Bienvenido, hijo —se escuchó una voz fuerte y serena.

—Gracias —contesté.

—Yo soy el enviado de Dios. No voltees hacia mí porque quedarás ciego, ya que vengo en esencia. Sólo escucha las palabras que tendrás que compartir con tus semejantes.

El que quiera ser el más poderoso en el mundo, deberá ser el mejor servidor de los demás

Aquel que sabe servir a los demás, tendrá la virtud de que sus semejantes estarán gustosos de seguirlo para que les sirva. Y lo llenarán de elogios y lo volverán poderoso. Quien vive para servir, nació para vivir. Y quien no vive para servir, no sirve para vivir.

De qué sirve la flor si no impregna con su aroma el campo; de qué sirve el río si no vierte vida en su caudal; de qué sirve el arco iris si no le da esplendor a una llovizna en pleno sol; de qué sirve el humano lleno de talentos si no los comparte con sus semejantes.

Los grandes hombres de la historia saben que fueron dotados de virtudes que tienen que compartir con la humanidad, ya que éstas también les pertenecen a todos los que los rodean.

Así, el ruiseñor tiene que despertarnos y maravillarnos con su música, lo mismo que el gran concertista, así las grutas nos asombran con sus caprichosas esculturas, lo mismo que el escultor; así, las abejas nos deleitan con su miel, como los grandes cocineros del orbe. Y cada especialista nos debe deleitar con las maravillas de su profesión o de su oficio.

Jamás pienses que no puedes, ni dudes de tus dones, porque naciste para ser grande y hacer realidad aquellos sueños que deseas emprender.

Has recibido un gran beneficio con el don que te otorgó Dios; ahora te corresponde devolverlo con un gran servicio al mundo. Sé feliz, porque fuiste elegido entre millones de seres para tener esa gracia. Y no importa cuál sea tu virtud: si la de barrer la aceras, hacer reír a tus semejantes o gobernar a una nación; en todas lo tienes que hacer lo mejor posible.

Recuerda —ya te lo dije anteriormente—, tres grandes tesoros tendrá que saber manejar el hombre; los dos primeros son: el talento y el tiempo. Si realizas una buena combinación de ambos alcanzarás el tercero: el dinero. Por eso el tiempo es dinero; sin embargo, a quien mata el tiempo, tarde o temprano el tiempo lo matará a él.

No desperdicies el tiempo, porque de tiempo se compone la vida, y si tu don no lo desarrollas a tiempo, el tiempo jamás regresará.

A los veinte tendrás tiempo, a los treinta talento y a los cuarenta fortuna, ya que si a los veinte no tienes tiempo; a los treinta talento y a los cuarenta fortuna, es probable que jamás en tu vida los tengas.

Aquel que quiera crecer y alcanzar grandes fortunas, debe primero aprender a servir; ése es el principio del éxito.

Todo mundo tiene el don del servicio, pero muy pocos tienen el valor de seguir ese talento hasta las últimas consecuencias.

La medida de tu servicio jamás podrá ser tasada sino por quienes lo reciban. Ellos serán los principales indicadores de tu progreso y de tu virtud.

Dios te ha otorgado el talento del servicio, tú sabrás si regresas con más talentos, con el mismo talento que te otorgó o perdiéndolo todo. Al final, todos tenemos un camino y cada quien dará los resultados. ¿Estás dispuesto a pagar el precio del servicio?

Los dones ganan los juegos de toda empresa, pero el servicio gana los campeonatos.

Lánzate a fondo y demuéstrale al mundo tu valía: enséñale tus dones y alcanza las estrellas. Sé paciente, una flor no se abre de la noche a la mañana, necesita un proceso, y tú necesitas que la gente vea tus frutos a través de la paciencia y el esmero. Recuerda: la flor de la paciencia no se desarrolla en cualquier jardín, sólo así alcanzarás tus anhelos. El hombre al final va a ser juzgado por sus logros, no por sus sueños.

¡Sé espléndido! Sirve a los que te necesitan; sirve a los que no te necesitan; sirve a aquellos que tienen para pagar tus servicios; sirve a los que no tienen para pagar tus servicios; sirve a aquellos que te han dado todo y sirve a los que no te han dado. Un día recibirás tanto de todos, que no encontrarás palabras para agradecer su servicio En la medida que sepas servir, serás servido. Y la humanidad sabrá que ni el precio de mil lingotes de oro tendrá el valor de un corazón que sabe servir.

—Ahora, hijo, es hora de demostrar tu valía al universo. Lanza tu corazón a las estrellas y tu espíritu irá tras él. Es tiempo para que tu amada esposa te admire, que tus hijos se sientan orgullosos de ti, que la vida sepa que viniste a dejar un mundo mejor al que encontraste y que todas las generaciones hablen de aquel que supo dejar su lugar en las estrellas.

Después de este encuentro con un ángel, mi vida cambió. Ahora tenía en mis manos los siete grandes principios de las ventas, para compartirlos con todos mis semejantes.

Dios me había otorgado el don de despertar a aquellos que estaban dormidos y que no se encontraban aún.

En Jerusalén di mi primer gran conferencia. Estaba aterrado, la gente deseaba escuchar mis experiencias y compartir su alegría por las buenas nuevas.

Inspirado por Dios empecé a hablar de:

1. **La magia de la fe:** la esperanza de que nuestro sueño se va a cumplir.
2. **El arte de la comprensión:** escucha y comprende las necesidades y los deseos de tus semejantes.
3. **El conocimiento de uno mismo:** conoce tus fortalezas y debilidades para ser mejor.
4. **Encuentra tu camino y cumple con tu destino:** hacia dónde vas y cómo.
5. **La visión, todo se crea dos veces:** piensa en tu camino antes de dar el paso.
6. **Cobija a tus semejantes y ellos te abrigarán a ti:** crea para los demás y los demás se acercarán a ti.
7. **El que quiera ser más poderoso en el mundo, deberá ser el mejor servidor de los demás:** el servicio que engrandece al hombre.

Después de esas pláticas regresé con mi madre, que me recibió con un gran abrazo; mi hermana, la abuela, los abuelos que me salvaron la vida y mi gran amor, Sara. Meses más tarde se celebró una gran boda a la que asistieron todos los gobernantes, los sabios y los reyes que conocí. Y desde entonces comparto mis conocimientos con los demás.

Abdul se quedó atónito ante semejante historia y abrazó a su nuevo protector.

—Perdón, maestro, y gracias por salvarme la vida. No sólo en lo físico, sino, además, en lo espiritual.

Abraham Paldul correspondió el abrazo.

—Ahora es tiempo de que compartas el secreto de las ventas con todos aquellos que lo necesitan, para llevar abundancia a sus hogares, y les cuentes sobre aquel de quien las estrellas cuentan su historia.

Índice

El Mercader de Dios,
de Enrique Villarreal Aguilar,
fue impreso y terminado en julio de 2012
en Encuadernaciones Maguntis, Iztapalapa,
México, D. F. Teléfono: 5640 9062.
Preprensa: Daniel Bañuelos Vázquez

Interiores: Angélica Irene Carmona Bistráin

Para entrar en contacto con el autor:

isdemexico@yahoo.com.mx

www.conferencistasyseminarios.com

(01) (422) 198 1188

